Aurisium Verlag Doris Seibold
Bahnhofstr. 1
84347 Pfarrkirchen
kontakt@aurisium-verlag.de

1. Auflage 2019
ISBN 978-3-947739-00-4

Druck: Ortmaier Druck, Frontenhausen
Bindung: Conzella Verlagsbuchbinderei, Pfarrkirchen

Alle Rechte vorbehalten!

Hergestellt in Niederbayern.

Doris Seibold

Herzenswege an der Rott

Meine Reise von der Quelle bis zur Mündung

*Liebes Anton,

viel Freude an den Streifzügen und Bildern vom schönen Rottal!

Doris S.*

Aurisium Verlag Doris Seibold

Rottaler Land – Rottaler Leut

A Wassal lauft in beschaulicha Ruah
durch d'Hügllandschaft im Doi.
In Neumarkt St. Veit deckts fast d'Wiesn zua,
so engbrüstig is dort und schmoi.

Von Westn nach Ostn nimmt d'Rott ihrn Gang,
z'erscht liegts in an Muldnbett,
wer woaß, waars hundatzwanzg Kilometer lang,
wenns d'Kinda zum aschiabn ned hätt.

Dö Bäch und dö Grabal von ent und herent,
dö gebm ihra d'Kraft und an Schwung,
daß koan Schlaf und koa Müadwern ned kennt,
daß oiwei frisch bleibt und jung.

Zum sehgn hat dös Wassal grad gnua auf da Roas:
A Landschaft, dö bäuerlich schmeckt,
Wies'n und Äcker, Hügel und Hoiz,
a sonst hats no manches entdeckt.

Vom Veitsberg z'Neumarkt, da könnts was erzähln
und 's Museum in Massing hats gsehng.
Dö hochwasserfreiglegte Stadt Eggenfelden
mitn Krumenauer Dom is ihr glegn.

Da Rottsee z' Postmünster, der zwingt sie zum schnau
bevors übers Wehr abihupft.
Z' Pfarrkirchen da derfs nachat 's Wimmaroß schau,
z' Gartlberg werd's Hüatl schnell glupft.

Im untam Rottdoi da is ihr so woi,
da hats no sei Urwüchsigkeit,
stehn d' Ufa mit Büsch und mit Völabaam voi
und da gschlanglade Lauf macht ihr Freud.

's Doi wird dem Inn zua behäbig und broad,
nach Norden zua geht's gach in d' Höh,
d' Viecha, dö lebn 's freie Lebm auf da Welt,
ja 's Rottaler Landl is schö.

Dö Städtchen und Dörfer, dö Märkte und Höf,
sie künden vom Fleiß von dö Leut.
A rühriga Menschenschlag is da dahoam,
so war dös früher und heut.

Erdverwachsen, für's Echte an Sinn,
so san dö Leut an da Rott.
A Liab zu da Hoamat, im Herzen tiaf drin,
so hats um dö Zukunft koa Not.

Dö Zeit werd sö wendn, wia scho so oft,
oamoi guad, oamoi schlecht,
wer d'Rottala kennt, hat Grund, daß er hofft,
dö Rottala Leutrass bleibt echt.

Ponzauner Wigg aus „Bei uns dahoam"

Inhaltsverzeichnis

9 | Vorwort und Danksagung

11 | An der Quelle der Rott
- 13 | Die Rottquelle: Müllerthann und das Dreiquellengebiet
- 19 | Neumarkt St. Veit und Umgebung .... 19 | Stadtplatz | Klosterkirche St. Veit | Wallfahrtskirche Teising | Steinernes Brünnl
- 23 | Schloss Hellsberg
- 23 | Massing
- 28 | Die Wallfahrtskirche „Maria Heimsuchung" in Anzenberg
- 28 | Die Binamündung bei Rottenwöhr
- 30 | Die Dietfurts – Ober- und Unterdietfurt

33 | Ein Fluss wird erwachsen
- 35 | Eggenfelden - Stadt der Brunnen und Wälder .... 35 | Stadtplatz | Brunnen | Gern | Lichtlberger Wald | Geramündung | Prühmühle | Bürgerwald
- 49 | Hebertsfelden und Rottenstuben
- 51 | Postmünster und der Rottauensee .... 52 | Thurnstein | Hustenmutterkapelle
- 54 | Pfarrkirchen - Stadt der Pferde und der sieben Hügel .... 54 | Rottauen | Mooreiche | Ringallee | Sieben Hügel | Eiche | Stadtplatz | Pferdesport | Gartlberg | Reichenberg | Mahlgassinger Mühle
- 68 | Die Rott bei Brombach
- 71 | Abstecher ins Altbachtal: Ausflug zur „Kaser Steinstube"
- 72 | Neudeck und das Asenhamer „Krokodil"
- 76 | Bad Birnbach .... 76 | Hügelgräber | Holzkapelle | Lugenz | Langwinkl
- 87 | Bad Griesbach .... 87 | Schwaim | Parzham | Sankt Wolfgang | Lugenz | Wellness- und Golfresort | Steinkart | Haberkirch
- 101 | Karpfham
- 101 | Kloster Asbach

103 | Auf dem Weg zum grünen Inn
- 105 | In Pocking und auf der Heide
- 108 | Die „Siebenschläferkirche" in Rotthof
- 111 | Ruhstorf an der Rott
- 112 | Die „vergessene" Kapelle „St. Koloman"
- 112 | Die Sulzbachmündung
- 115 | Die Holzbrücke bei Mittich
- 118 | Weihmörting
- 118 | Die Rottmündung bei Neuhaus am Inn – Schärding

126 | Anhang
- 126 | Zitierte Literatur | Bildverzeichnis | Über mich

Vorwort und Danksagung

„Man kann nicht zweimal in den gleichen Fluss steigen."
                                                            Heraklith

Liebe Leserinnen und Leser,

ein Buch - noch dazu mit vielen Fotografien, Illustrationen, Zitaten und Geschichten - über die Rott und das Rottal zu schreiben, zu gestalten und herzustellen, ist eine einzigartige Angelegenheit!
Es hat sich zu einem „Herzensprojekt" für mich entwickelt und ich habe auf dem Weg von der Quelle bis zur Mündung viel Neues gesehen und kennengelernt.

Ich bin an der Rott gewandert, war mit dem Radl unterwegs und bin mit dem Auto ihrem Lauf gefolgt.
Ich war auf den sanften Hügeln, die das Rottal säumen, bin durch die schattigen Wälder gewandert und habe auf eine unvergleichlich schöne, oftmals noch sehr ursprüngliche Natur schauen dürfen.

Und ich war selbst erstaunt, wie viele kunsthistorische Schätze das Rottal zu bieten hat!
Ohne den Anspruch auf Vollständigkeit werden Sie in diesem Buch viele Eindrücke und Details erfahren, die Ihren eigenen Blick auf die Schönheit unserer Heimat schärfen. Vielleicht entdecken auch Sie Plätze und Geschichten, die Sie inspirieren und überraschen!

Viele liebe Menschen haben mich bei alldem unterstützt, mir Geschichten erzählt und ihre Lieblingsplätze an der Rott mit mir geteilt.
Euch alle zu nennen, würde zu weit führen, drum „Vergelt's Gott" an alle, die sich durch diese Worte angesprochen fühlen.

Ganz besonders danken möchte ich aber meiner Familie, die mich in diesem Herzensprojekt immer unterstützt und ermutigt hat, auch einmal neue Blickwinkel zu wagen und die nicht ganz so ausgetretenen Wege zu gehen. Danke!

Es war mir eine große Freude, mit der Rott auf meiner Herzensreise zu sein.

Mögen Sie ebenso viel Freude an diesem Buch und an Ihrer eigenen Entdeckungsreise haben, ob Sie nun tatsächlich unterwegs sind oder sich durch Wort und Fotografie an der Schönheit meiner Herzenswege an der Rott erfreuen!

Ihre Doris Seibold

Seite 4: Blick ins Rottal bei Lengham
Seite 6: Blick aus der Allee auf Degernbach
Seite 8: Blick ins Rottal bei Bad Birnbach

An der Quelle der Rott

Die Rottquelle: Müllerthann und das Dreiquellengebiet

Hier entlang!

Die ersten Meter

Gegenüber:
Der „Geburtsort" der Rott

Weil „alles fließt", ist ein Fluss niemals derselbe. Er verwandelt und ist der ständigen Verwandlung unterworfen, er formt und wird geformt.
Das gilt auch für die Rott, die auf ihrem gut 108 km langen Lauf zwei bayerische Regierungsbezirke und vier Landkreise durchquert.
Sie hat sich in den letzten zwei Millionen Jahren ihr Bett geformt, hatte als freier Wildfluss Zeit, sich ihren Lauf immer wieder neu zu suchen.
Erst seit dem Mittelalter greift der Mensch spürbar in ihr System ein, baut Mühlen und Kraftwerke, rodet Auwälder und begradigt ihren Lauf.

Die Rott bahnt sich ihren Weg, meist langsam und bedächtig, aber niemals gleichförmig. Sie ist der Ursprung menschlicher Ansiedlung im Rottal, denn ohne den Fluss wäre im Rottal in der Jungsteinzeit wohl niemand sesshaft geworden. Ausgrabungen haben auf einer Terrasse am Ortsrand bei Untergaiching einen Siedlungsplatz freigelegt, auf dem sich bereits 4000-5000 Jahre v. Chr. die ersten Bauern im Rottal angesiedelt haben. Das zeigt uns: die Geschichte der Menschen an der Rott ist eng verbunden mit dem Lauf des Flusses.

Aber begeben wir uns nun zum Start unserer Reise entlang der Rott ca. 40 km weiter nordwestlich in ihr Quellgebiet.

Die Rott hat ihren Ursprung bei einem kleinen Weiler in der Gemeinde Wurmsham im niederbayerischen Landkreis Landshut. In Müllerthann erblickt der Fluss erstmals das Tageslicht, sickert als Hangschichtquelle, die für das tertiäre Hügelland typisch ist, an die Oberfläche.

Sie finden die Rottquelle in Müllerthann gut gekennzeichnet. Am besten, Sie parken das Auto am Straßenrand und folgen den Schildern zu einem kleinen Wäldchen.
An einem heißen Tag ist das Wäldchen um die Rottquelle ein schattenspendender, idyllischer Ort um durchzuatmen. Eine kleine Bank lädt zum Verweilen ein.

Ganz in der Nähe entspringt die Rott

Wegweiser bei Müllerthann

Die Anfänge der Rott

Die Anfänge der Rott sind sehr bescheiden. Eine Vielzahl von kleinen Tümpeln und Rinnsälen sammeln sich zu einem kleinen Bach, dem „Müllerthanner Bach", der wie viele andere entlang der Felder fließt. Im Quellgebiet der Rott, die zunächst in südöstlicher Richtung fließt, finden wir fruchtbare Wiesen und Wälder.

Hier beginnt die Rott also ihren Weg zum Inn und noch lässt sich nicht erahnen, dass aus diesem kleinen, bescheidenen Bach ein durchaus großer und wasserreicher Fluss entstehen wird.

Wir fahren über Wurmsham nach Seifriedswörth weiter, wo wir kurz vor Seifriedswörth die erste richtige Straßenbrücke über die Rott finden, bei der sie auch erstmals als „Rott" gekennzeichnet ist.

Die Rott fließt durch saftige Wiesen

Hier schließt sich dem „Müllerthanner Bach" - unserer Rottquelle - aus einer anderen Richtung kommend ein weiterer kleiner Bach an: der „Wimreither Graben".

Ich habe mir die durchaus berechtigte Frage gestellt, ob ich nun an der „richtigen" Rottquelle war, oder ob nicht der „Wimreither Graben" als Quellbach der Rott anzusehen wäre. Die historisch gewachsene Namensgebung läßt üblicherweise den augenscheinlich „größeren" Fluss den Namen beibehalten. Welches Maß die Größe definiert, ist allerdings nicht verbindlich vorgegeben, in der Regel wird die Wasserführung herangezogen.

Die Rott heißt nun Rott - 1. Rottschild bei Seifriedswörth

Der „Wimreither Graben" ist im Vergleich zum „Müllerthanner Bach" ein wirklich kleines Rinnsal, so dass wir guten Gewissens behaupten können, an der „richtigen" Quelle gewesen zu sein (die offizielle Namensgebung in den Landkarten gibt uns hier recht).

Schon bald schließen sich der Rott andere kleine Bäche an, wie das „Katzinger Bachl" oder bei Oberbergkirchen der schon etwas größere „Ritzinger Bach", mit dem die Rott nun in nordöstliche Richtung weiterfließt.

Der „Wimreither Graben" (von links) und die Rott

Ein Fischreiher bei Brodfurth

Was Sie vielleicht noch nicht wussten:
Im sogenannten „Drei-Quellengebiet" bei Wurmsham entspringen neben der Rott auch die Bina und der Zellbach. Auch diese Quellen sind gut ausgeschildert und können bei einem Spaziergang durch den Wald erwandert werden ("Drei-Quellen-Wanderweg").

Auf die Bina treffen wir später während unserer Reise entlang der Rott bei Rottenwöhr erneut, der Zellbach hingegen fließt auf der anderen Seite der Wasserscheide von Donau und Inn in die Große Vils.

Wir erreichen diese Wasserscheide und werden noch dazu mit einem wunderschönen Ausblick belohnt, wenn wir ganz in der Nähe von Wurmsham, beim kleinen Ort Auburg, zur Alpenpanoramatafel fahren. Hier haben Sie von der kleinen Anhöhe aus eine tolle Sicht auf die bayerischen Alpen und das Hügelland der näheren und weiteren Umgebung.

Das „Drei-Quellen-Schild"

Bei Föhnlage sieht man von hier aus bis in die Alpen

Ortsschild am Oberlauf der Rott

Kleine Brücke über die Rott bei Reichenrott

Doch warum heißt die Rott nun Rott?

Es finden sich hierzu in der einschlägigen Literatur mehrere Herleitungen. Die Rott hat ihren Namen urkundlich seit dem 8. Jh. („rote fluminis", „rota"), ihr Name bedeutet wohl so viel wie „roter Bach". Der Name weist auf den „rotbraunen Moorgrund des Flussbettes hin", was man an der bräunlichen Wasserfarbe gut erkennen kann.
Eine etwas „sagenhaftere" Herleitung des Flussnamens findet sich in Michael Waltingers „Niederbayerischen Sagen":

„In früheren Jahrhunderten fielen die Ungarn öfters in Bayern ein und raubten und mordeten. Sie kamen auch in das Rottal. Hier taten sich die Einwohner zusammen und stellten sich den Feinden tapfer entgegen. Sie überwanden sie auch, schlugen sie tot und warfen die Leichname in den Fluß. Dieser wurde von dem Blute der getöteten Ungarn ganz rot. Deshalb wurde der Fluß ‚Rot' genannt. Man schreibt aber nunmehr ‚Rott'."

Im Quellgebiet der Rott treffen wir verhältnismäßig häufig auf Ortsnamen, in denen die Rott als Teil des Ortsnamens auftritt, wie in Oberrott, Braunrott oder Reichenrott. Das lässt trotz der scheinbaren Unbedeutendheit des kleinen Rinnsals auf eine große Verbundenheit der Bevölkerung mit dem Fluss und dem Flussnamen schließen.

Auch geschichtlich hat das Land im Quellgebiet der Rott eine durchaus lange Tradition aufzubieten. In Urkunden des Erzbistums Salzburg aus dem 9. Jh. finden sich z.B. Erwähnungen der Orte „Rott" und „Oberrott", die belegen, dass dieses Gebiet zu dieser Zeit bereits christlich geprägt war und der Oberlauf der Rott schon damals den heutigen Namen trug.

Entlang des Oberlaufes befanden sich in früherer Zeit einige Mühlen, die vielfach aufgrund fehlender wirtschaftlicher Rentabilität aufgegeben und dem Verfall preisgegeben wurden. Die Menschen nutzten damals die Wasserkraft zum Antrieb von Mehlmühlen, in späterer Zeit für Sägewerke.

Am Oberlauf der Rott bei Höhfurth

Sägewerk Höhfurth

Herbstidylle am Oberlauf der Rott

„St. Georg" in Ellwichtern

Bei Höhfurth finden wir noch eine etwas größere Mühle, die im 18. Jh. zum Sägewerk umgebaut wurde und bereits seit fünf Generationen als Familienbetrieb geführt wird.

Entlang der Rott am Oberlauf verläuft eine kleine Straße, die Oberbergkirchen mit Neumarkt St. Veit verbindet und parallel dazu auch ein Radlweg („Rottalradweg"), auf dem man bequem dem Lauf der Rott durch oberbayerisches Gebiet folgen kann.

In diesem Bereich fließt die Rott ein wenig begradigt durch die Landschaft. Man hat sie in der Vergangenheit aufgrund der häufigen Hochwasser auf mehrere kleinere Wasserläufe aufgeteilt. Durch die Regulierung des sich windenden Flüsschens wollte man zudem mehr fruchtbaren Boden gewinnen, wodurch die einst moorigen Wiesen entlang der Rott entwässert wurden.

Kleine Weiler und Ortschaften säumen den beschaulichen Weg des Flusslaufs, immer wieder vereinigen sich kleine Bäche mit der Rott, so dass sie mit der Zeit ein wenig an Breite gewinnt.

Wir erreichen die Weiler Ellwichtern und Lamprechten, die wir aufgrund der beiden durchaus interessanten, alten kleinen Kirchen nicht einfach unbeachtet passieren wollen.

In der Kirche von Ellwichtern, die bereits um 790 im Verzeichnis der salzburgischen Schenkungen als eine der „Vier Kirchen an der Rott" erwähnt wurde, finden wir eine schöne, spätgotische Darstellung des Hl. Georg aus dem 15.Jh.

Und ein wenig weiter flussabwärts treffen wir auf ein weiteres schönes Kirchlein: St. Lampert, der Namensgeber des kleinen Weilers Lamprechten. Es wurde in der Barockzeit erbaut und schmückt seit vielen Jahrhunderten den Oberlauf der Rott.

Jetzt ist es nicht mehr weit, bis wir die erste Stadt erreichen, die von der Rott auf ihrem langen Weg zum grünen Inn durchquert wird: Neumarkt St. Veit.

Eschlbach und Rott bei Winkelmühl

„St. Lampert" in Lamprechten

Neumarkt St. Veit und Umgebung

Stadtplatz und Klosterkirche „St. Veit"

Die Gründung Neumarkts geht auf den niederbayerischen Herzog Heinrich III. im Jahre 1269 zurück. Der sehr schön anzusehende, rechteckige Stadtplatz ist auf beiden Seiten durch imposante Torbauten abgeriegelt.

Im Stadtkern treffen wir auf die alte Pfarrkirche Neumarkts, „St. Johannes Baptist", die im 15. Jh. auf dem Platz einer sehr viel älteren Vorgängerkirche (vermutlich aus dem 8. Jh.) erbaut wurde. Sie wurde als Pfarrkirche von der Klosterkirche „St. Veit" im Zuge der Säkularisation im Jahre 1803 abgelöst.

Das Kloster Sankt Veit, das auf einer Anhöhe ein wenig außerhalb des Stadtkerns steht, prägt sowohl optisch als auch kunsthistorisch maßgeblich diesen schönen Ort. Am besten Sie machen sich selbst ein Bild davon und besuchen die beeindruckende Klosterkirche, die von 1390 bis 1500 ebenfalls auf den Fundamenen einer älteren Kirche erbaut wurde.

Wir starten vom Stadtplatz aus, überqueren nach dem Stadttor die Rott, biegen links in den Mühlenweg und dann in den Kirchenweg ein. Von hier aus haben wir einen tollen Blick auf die beeindruckende Klosterkirche „St. Veit", deren Kirchturm mit einer Höhe von 72m weithin sichtbar ist.

Ein berühmter Sohn der Stadt ist der Historiker Benno Hubensteiner, der in der heutigen Birkenstraße aufwuchs und dort sein wohl wichtigstes Werk „Bayerische Geschichte. Staat und Volk. Kunst und Kultur" schrieb. Er war zudem Direktor des Bayerischen Rundfunks und Ordinarius für bayerische Kirchengeschichte in München. Ihm hat man eine Gedenktafel an der Klosterkirche gewidmet, mit einem Zitat Hubensteiners, das uns bei der Definition unseres Heimatbegriffes hilft.

„St. Johannes Baptist"

Gegenüber:
Kloster Sankt Veit

Stadtplatz von Neumarkt St. Veit

Gedenktafel an Benno Hubensteiner

Kirchturm des Klosters Sankt Veit

Das Kloster Sankt Veit wurde im 12. Jh. gestiftet und von Benediktinermönchen auf dem St. Veitsberg erbaut. Die Klosterkirche sollte ursprünglich Maria geweiht werden, aber auf dem Klosterberg gab es bereits einen Brunnen und eine alte Kapelle, die dem Hl. Vitus geweiht war. Die Bevölkerung setzte sich schließlich durch und die neue Kirche wurde wieder dem Märtyrer geweiht.

Nicht lange nach Gründung des Klosters, „[erwarb] im Jahre 1269 [...] der bayerische Herzog vom Kloster St. Veit einen Hof [...], um dort einen Markt anlegen zu können, das spätere Neumarkt an der Rott," schreibt Helmuth Stahleder im „Historischen Atlas von Bayern". Das Kloster Sankt Veit nutzte den „Neuen Markt" für den Absatz seiner Waren, so dass sich in Neumarkt über die Jahrhunderte ein bürgerlicher Handelsplatz aus den klösterlichen Anfängen etablierte. Der Zusammenschluss zu „Neumarkt St. Veit" erfolgte im Jahr 1934, 1956 wurden Neumarkt St. Veit schließlich die Stadtrechte verliehen.

Nach dem Ausflug zum Kloster kehren wir wieder zur Rott zurück und machen einen Spaziergang am Ufer entlang. Hier ist es schön ruhig und schattig, genießen wir diese friedliche Umgebung! Die Rott fließt unaufhörlich und langsam weiter, aber vielleicht haben Sie noch ein wenig Zeit, dann kehren wir zum Stadtplatz zurück. Ich würde Ihnen gerne noch zwei weitere, sehr interessante und kraftvolle Plätze ganz in der Nähe von Neumarkt St. Veit zeigen.

Wallfahrtskirche „Maria Einsiedel" in Teising

Folgen Sie mir in den kleinen Ort Teising, der in Richtung Bodenkirchen liegt. Wir besuchen die Wallfahrtskirche „Maria Einsiedel", die dort seit fast 400 Jahren auf einer kleinen Anhöhe steht. Die damalige Schlossherrin erkrankte auf einer Reise in die Schweiz schwer und der Schlossherr gelobte, falls seine Frau genesen sollte, eine Kirche zu bauen. Sie wurde auf wunderbare Weise gesund und „ex voto" ließ Nicasius Magensrciter diese schöne Kirche erbauen und im Jahre 1626 weihen.

Ein wenig oberhalb befindet sich ein kleiner Kalvarienberg, dessen Kreuzigungsgruppe unter wunderschönen alten Linden aufgestellt wurde.

„Maria Einsiedel" in Teising

An der Rott bei Neumarkt St. Veit

Der Kalvarienberg in Teising

Gnadenbild von „Maria Einsiedel"

Hier entlang!

Als Besonderheit betritt man diese Kirche in der Mitte der Längsseite des kleinen Kirchenschiffes, zur Linken befindet sich der neuere Teil. Zur Rechten betreten wir die ursprüngliche barocke Marienkapelle mit einer Nachahmung des Gnadenbildes von „Maria Einsiedel" in der Schweiz. Unzählige Pilger kamen über die Jahrhunderte zur Mutter Gottes nach Teising und viele Votivtafeln zeugen von der Hoffnung und dem Dank der Hilfesuchenden.

Das Herz ging mir auf, als ich diese Marienkapelle betrat, voller Ehrfurcht und Staunen war ich angefüllt. Ein schöner, kraftvoller Platz, um zur Ruhe zu kommen und der Himmelsmutter ganz nah zu sein.

Sehr interessant sind auch die Grabtafeln aus rotem Marmor für die verstorbenen Vorfahren aus dem Adelsgeschlecht des kleinen Schlosses zu Teising, das ganz in der Nähe steht.

Das „Steinerne Brünnl" in Egglkofen

Ein weiterer Ort zum Durchatmen und Kraft tanken liegt hier ganz in der Nähe. Wenn Sie ein wenig mehr Zeit haben, lassen wir das Auto in Teising stehen und wandern auf dem Wanderweg 8 zum „Steinernen Brünnl" bei Egglkofen, eine einfache Wegstrecke von ca. 3 km. Der Wanderweg ist ziemlich eben, wenig anspruchsvoll und kann auch von Familien gut benutzt werden.

Wenn nicht so viel Zeit ist, fahren wir von Teising aus mit dem Auto weiter nach Harpolden und dann rechts in Richtung Egglkofen. Auf ungefähr halber Strecke kommen wir an ein Hinweisschild „Zum Stoanan Brünnl", das uns rechts auf einen Kiesweg zum Wald führt. Wenn wir das Auto am Waldrand stehen lassen und dem schmalen, weichen, von braunen Nadeln übersäten Pfad weiter folgen, erreichen wir das „Steinerne Brünnl" oder „Bründl", wie es auch geschrieben wird.

Es steht dort schon seit wohl mehr als 400 Jahren, seinem Wasser werden heiltätige Kräfte nachgesagt. Die schöne, kleine Holzkapelle beim „Brünnl" wurde erst 1981 erbaut, davor wurde sie über die Jahrhunderte immer wieder zerstört, oder sie verfiel und wurde neu aufgebaut, in Vergessenheit geriet sie jedoch nie.

Am „Brünnl" wachsen Walderdbeeren

Ein wahrlich traumhafter Ort

Die Kapelle ist dem Hl. Antonius geweiht. Die Legende sagt, dass sich um 1603 ein Offizier im Wald verirrte und seine Truppe nicht mehr fand. Daraufhin machte dieser dem Hl. Antonius das Gelöbnis, ihm zu Ehren eine Kapelle zu errichten, wenn dieser ihn glücklich aus dem Wald führe. Sein Gelöbnis hat er eingelöst, die Kapelle und das „Brünnl" werden seitdem von vielen Wallfahrern besucht.
Wir waschen uns die Augen mit dem glasklaren Quellwasser aus dem „Brünnl", setzen uns ein wenig auf eine der Holzbänke und genießen die Stille des Waldes.
Die Luft duftet förmlich, ein wahrhaft friedvoller Ort!

„Antoniuskapelle" und „Steinernes Brünnl" - einer meiner Lieblingsplätze!

Die Rott - ein Wintermärchen

Blühende Wiesen

Nächste Doppelseite: „Schloss Hellsberg" und Kapelle „St. Michael"

Schloss Hellsberg

Lassen Sie uns nun aber zur Rott zurückkehren und uns mit ihr weiter auf den Weg zurück in Richtung Niederbayern machen, wo der Fluss bei Grafing das fruchtbare Bauernland berührt, das man gemeinhin unter dem Begriff „Rottal" versteht.
Hier passieren wir auf dem Rottalradweg, der nahe am Fluss entlang führt, das uralte Gemäuer des „Schloss Hellsberg".
Es gehört zur Gemeinde Niedertaufkirchen und steht kurz vor Massing rechter Hand auf einer Anhöhe, welche uns bei schönem Wetter eine gute Fernsicht in Richtung Norden erlaubt. Das Hauptgebäude ist noch sehr gut erhalten, es befindet sich in Privatbesitz und wurde vor einigen Jahren renoviert.

Ein weiteres Gebäude aus dem ursprünglich größeren Ensemble ist die aus dem 14. Jh. stammende, frühgotische Schlosskapelle „St. Michael", deren Geläut – für diese Region ungewöhnlich – offen sichtbar ist.

Das Schloss stammt aus der Spätgotik (errichtet um 1520) und ist eines der wenigen Schlösser im Rottal, das heute noch zu finden ist. Einen Eindruck, wie die (ursprünglich sehr viel größere) Anlage im 17./ 18. Jh. aussah, gibt uns der Kupferstich von Michael Wening.

Massing

Weiter geht's die Rott abwärts zum nächsten größeren Marktflecken, nach Massing. Gegründet wurde Massing im 8. Jh., 773 wird „Mosevogel" erstmals urkundlich erwähnt und gilt damit als ältester Ort im oberen Rottal. Massing erhielt bereits im Jahre 1308 das Marktrecht und war neben Gern über lange Zeit einer der bedeutendsten Orte an der oberen Rott.

Der wunderschöne Marktplatz entstand in seiner rechteckigen Anordnung unter den Wittelsbachern im 13. Jh. und die Fassaden der Markthäuser sind in dem für das Rottal typischen „Inn-Salzach-Stil" erbaut.

„Schloss Hellsberg" von der Rott aus

Kupferstich von Michael Wening

Vor der Marktkapelle, die den Marktplatz in einen unteren und oberen Teil gliedert, befindet sich ein sehenswertes Figurenensemble des Hl. Franz von Assisi, das vom Landshuter Bildhauer Karl Reidel geschaffen wurde. Ein paar Schritte entfernt steht der von Josef Michael Neustifter geschaffene Brunnen zu Ehren des Hl. Leonhard.

Heute kennt man Massing überregional hauptsächlich durch seine berühmte Tochter Berta Hummel, Künstlerin und Ordensfrau. Ihr zu Ehren gibt es ein eigenes Museum im Ort. Hier wird die Lebensgeschichte von Berta (bzw. Maria Innocentia) Hummel bis zu ihrem äußerst frühen Tod mit nur 37 Jahren im Jahr 1946 nachgezeichnet. Das Hummel-Museum wird wohl künftig in das andere, gleichfalls sehr bedeutende Massinger Museum eingegliedert: das Freilichtmuseum Massing.

Dieses liegt sehr idyllisch im Ortsteil Steinbüchl. Seit seiner Gründung im Jahre 1969 wurden dort mittlerweile fünf Höfe aus dem Rottal, der Hallertau und dem Isartal für die Nachwelt originalgetreu wiederaufgebaut. Wir können sie auf einem kinderwagentauglichen Rundweg besichtigen. In den nächsten Jahren wird mit der „Görgenmannsölde" noch ein weiterer Hof hinzukommen.
Im „Schusteröder Hof" gleich am Eingang, gibt es eine gutbürgerliche Gastwirtschaft und hier finden oft auch kulturelle Veranstaltungen statt. Überhaupt wird die komplette Anlage zur Kulturvermittlung und Bewahrung der bäuerlichen Identität genutzt. Auf sechs „Literaturbrettln" entlang der Museumswege werden jedes Jahr Gedichte oder Geschichten von in der Umgebung beheimateten Schriftstellern abgedruckt und aufgestellt.
Das Museum ist auch mit Kindern ein tolles Ausflugsziel. Wir können hier an den Backtagen frisches Brot aus dem alten Holzbackofen probieren oder uns von Kräuterkundigen die Wirkung von Heilpflanzen erklären lassen. Hier lässt sich die bäuerliche Landwirtschaft erleben, wie sie vor noch nicht allzu langer Zeit im Rottal üblich war. Heimatpflege und Freizeiterlebnis sind harmonisch miteinander verbunden.
Wir verlassen Massing der Rott entlang und erfreuen uns am immer breiter werdenden Fluss, der seinen Weg zum Inn mit scheinbar stoischer Ruhe fortsetzt.

„Assisi-Denkmal" von
Karl Reidel in Massing

„Leonhard-Brunnen" von
Joseph Michael Neustifter

Gegenüber:
Der „Schusteröder Hof"

Eingang zum Freilichtmuseum

An der Rott in Massing –
der Fluss hat an Breite gewonnen

Die Wallfahrtskirche „Maria Heimsuchung" in Anzenberg

Auf einer kleinen Anhöhe rechter Hand der Rott gelegen entdecken wir den Weiler Anzenberg und seine wunderschöne Wallfahrtskirche „Maria Heimsuchung".

Nach außen hin sieht der spätgotische Bau aus dem 15. Jh. ein wenig unscheinbar aus, im Inneren erwartet uns allerdings ein pompöser Rokokoaufbau in Reinform aus dem 18. Jh. Der Hochaltar stammt von Wenzel Jorhan, er ist ein Spätwerk des Griesbacher Meisters. Das Gnadenbild „Maria mit Kind", das der berühmten Leinberger-Werkstatt zugeschrieben wird, stammt aus einer früheren Wallfahrtskapelle. Es ist Anfang des 16. Jh. entstanden und war und ist über viele Jahrhunderte hinweg das Ziel zahlreicher Pilger.

Das ausliegende Gästebuch zeugt davon, dass die Kirche auch heute noch das Ziel vieler Hilfesuchender ist. Hier notieren die Menschen ihre Nöte, Hoffnungen und Bitten an die Gottesmutter. Vielleicht hinterlassen Sie ja auch einen Gedanken in dieser kraftspendenden Kirche oder erbitten Marias Hilfe?

Die Binamündung bei Rottenwöhr

Wir fahren weiter rottabwärts gen Osten und blicken zur Rechten auf die nun etwas weiter vom Ufer zurücktretende Rottaler Hügellandschaft. Das Tal öffnet sich zudem nach Norden hin, um dem Lauf der Bina Platz zu machen, dem wasserreichsten Nebenfluss der Rott.

Die Bina erreicht bei Rottenwöhr die Rott und vollendet dort ihren 32 km langen Lauf, den sie, wie bereits geschildert, im selben Quellgebiet begann. So sind die beiden benachbarten Quellen nun (wieder) vereint und streben gemeinsam dem grünen Inn entgegen.

„Maria Heimsuchung"

Die Rott nahe Rottenwöhr

Der prachtvolle Innenraum

Nächste Seite:
Mündung der Bina in die Rott bei Rottenwöhr

Die Dietfurts – Ober- und Unterdietfurt

Bei der Binamündung haben wir außerdem einen herrlichen Blick auf die Kirche von Oberdietfurt, „St. Johannes der Täufer", die im späten 15. Jh. erbaut wurde.

Wir folgen weiter dem Fluss, der inzwischen beträchtlich an Breite gewonnen hat. Er macht einen gemächlichen, ruhigen und wirklich ungefährlichen Eindruck. Was der Fluss anzurichten imstande ist, davon wissen die Anwohner des so friedlich wirkenden Gewässers viel zu erzählen. Daher wurde hier von der Rott eine Flutmulde abgezweigt, um die immer wieder auftretenden Hochwasser ein wenig regulieren zu können. Fruchtbare Felder und Wiesen säumen die Rott, am Ufer finden wir oftmals Auengehölz, das Lebensraum für vielfältige Tierarten ist.

Haben wir gerade einen Blick auf Oberdietfurt erhascht, so geht unser Weg weiter zum zweiten der beiden „Dietfurts", nach Unterdietfurt, einem typischen Straßendorf an der Rott. Hier fällt uns die schöne spätgotische Kirche „Maria Heimsuchung" (erbaut 1441) ins Auge, die auf jeden Fall einen Besuch wert ist.
Der Ort hat eine bis weit in die Vergangenheit zurückreichende Geschichte. Der Name lässt bereits auf den interessanten Umstand schließen, dass es hier seit langem eine „Furt", also einen Rottübergang gegeben haben muss. Unterdietfurt (oder früher „Nieder-Dietfurt") wurde erstmals Ende des 8. Jh. urkundlich erwähnt und war offenbar im 15. Jh. bereits sehr begütert, da von einer Taverne und einem Badehaus die Rede ist. Kurios auch der Umstand, dass im 18. Jh. wohl Wein angebaut wurde, da aufgezeichnet ist, dass sich der damalige Pfarrer Lupperger weigerte, den Transport des Zehent- und Aigenweins, der als Zinsleistung abgegeben werden musste, an den kurfürstlichen Weinkeller zu übernehmen.

Wir nähern uns nun der zweiten Stadt, die die Rott auf ihrem Weg zum Inn durchfließt. Schöne Kirchen und kleine Dörfer begleiten sie auf ihrem Weg. Der Kirchturm von Huldsessen grüßt uns, jetzt ist es nicht mehr weit bis nach Eggenfelden!

Blick auf Oberdietfurt

„Maria Heimsuchung"

Gänse an der Rott bei Unterdietfurt

Die Glockenblume fühlt sich hier wohl

Gegenüber:
„St. Martin" in Huldsessen

Ein Fluss wird erwachsen

Eggenfelden – Stadt der Brunnen und Wälder

Dort angekommen, vereinigt sich die Rott gleich mit zweien ihrer Seitenflüsse, mit der Mertsee und der Gera. Die Mertsee ist ein kleiner, aber ein in der Vergangenheit in Bezug auf die Hochwassergefahr nicht zu unterschätzender Nebenfluss der Rott. Bei zahlreichen Hochwassern hieß es „Land unter" in der Eggenfeldener Innenstadt, so dass beschlossen wurde, die Mertsee mit einem Staudamm zurückzuhalten und so zu regulieren. Seitdem fließt sie ruhig und gemächlich durch den Eggenfeldener Stadtpark und am alten Bürgerspital vorbei, bis sie schließlich die Rott erreicht.

Eggenfeldens Stadtplatz und die Brunnen

Die Geschichte der Stadt Eggenfelden begann im 12. Jh., als sie mit dem ursprünglichen Namen „Etinvelt" (= „Feld des Eto") erstmals urkundlich erwähnt wurde. Um das Jahr 1300 bekam Eggenfelden unter der Herrschaft der Wittelsbacher seinen heutigen Namen. Seine jetzige Bedeutung und der damit verbundene, über die Jahrhunderte andauernde Aufstieg von der Siedlung zum Markt und zur Stadt, rührt wohl vom Rottübergang und der Kreuzung zweier großer Verkehrswege her: hier kreuzten sich die Nord-Süd-Verbindung zwischen Regensburg und Salzburg und die an der Rott entlang verlaufende Rottstraße. Diese begünstigte Lage führte zu immer größer werdendem Einfluss, was bereits im 14. Jh. zur Verleihung der Marktrechte und der niederen Gerichtsbarkeit führte. 1902 erfolgte die Erhebung zur Stadt. Im Jahr 1972 wurde der Altlandkreis Eggenfelden mit der Gebietsreform in den neuen Landkreis Rottal-Inn integriert.

Die Schönheit der Eggenfeldener Innenstadt erfassen wir am besten, wenn wir von der Rott aus entlang der Öttinger Straße in Richtung Stadtplatz gehen. An der Brücke über die Mertsee erwartet uns ein beeindruckender Blick auf das Zentrum Eggenfeldens und seine mächtige Stadtpfarrkirche. Der für Ostbayern typische „Marktplatz" wirkt aufgrund seiner Dimensionen sehr weiträumig und großzügig.

Stadtpfarrkirche „St. Peter und Paul"

Gegenüber:
Die Mertsee in Eggenfeldens Stadtpark

Das „Theater an der Rott"

Hier wird Stadtpolitik „lebendig"!

Das „Grabmeier-Tor"

Der „Hundling" am Fischbrunnenplatz

Viele alte, aber gut erhaltene Häuser im „Inn-Salzach-Stil" säumen den breiten Stadtplatz, kunsthistorisch erwähnenswert hierbei sind das „Haberland-Haus" und das „Alte Rathaus" am oberen Ende des Stadtplatzes.
Biegen wir hier rechts ab, erreichen wir zu Fuß eine weitere Attraktion Eggenfeldens: das „Theater an der Rott". Hierbei handelt es sich um das einzige landkreiseigene Theater Deutschlands und es bietet kulturelle Veranstaltungen auf höchstem Niveau.

Warum Eggenfelden eine „Stadt der Brunnen" ist, dem werden wir am unteren Ende des Stadtplatzes vor dem frisch renovierten Luibl-Haus gewahr: hier steht der „Marienbrunnen", den ein berühmter Sohn der Stadt, der Bildhauer Joseph Michael Neustifter geschaffen hat. Der Brunnen stellt auf eindrucksvolle Weise die Stadtgeschichte dar. Auf Augenhöhe des Betrachters finden wir als Spiegelbild der Gesellschaft die Doppelsichtigkeit, die Geldgier und den Rufmord abgebildet.

Weitere interessante Brunnen finden wir am Rathausplatz („Stadtradl-Brunnen"), bei der Sparkasse („Saubrunnen"), am Schulzentrum (u.a. „Enten-Brunnen"), in der Feuerhausgasse („Fuchsbrunnen"), in der Christophgasse („Christophorus-Brunnen") und am Franziskanerplatz („Johannes-Still-Brunnen").
Nicht zu vergessen der ebenfalls von Neustifter geschaffene „Hundling", den wir besuchen können, wenn wir am Stadtplatz links in Richtung „Grabmeier-Tor" abbiegen und zum Fischbrunnenplatz gehen.
Leider sind viele der Brunnen momentan nicht „in Betrieb", sprich: es fließt kein Wasser. Ob hier nicht vielleicht am falschen Ende gespart wird? Denn Brunnen sind am Schönsten, wenn sie das tun, wozu sie geschaffen wurden: fröhlich sprudeln!

Was wir uns außerdem unbedingt ansehen sollten: die spätgotische Stadtpfarrkirche „St. Nikolaus und Stephanus", die auch als „Dom des Rottals" bezeichnet wird. Auf ihren 76m hohen Backsteinturm kann man hinaufsteigen, am besten während einer Führung durch den sehr kundigen Stadtführer. Fachleute klassifizieren den Turm als „Innviertler Backsteingotik", erbaut im 15. Jh. von Landshuter und Braunauer Baumeistern.

Gegenüber:
Blick auf den Stadtplatz von der Öttinger Strasse aus

„Marienbrunnen" und Luiblhaus

„Rufmord" am „Marienbrunnen"

Die Stadtpfarrkirche

Kurios ist die Geschichte, die sich im Jahr 1902 zutrug: der Vater eines Eggenfeldener Kunstmalers ging mit dem Turnverein eine Wette ein, dass er auf der Kreuzblume des Turmes einen Handstand machen könne – nur so viel: er schaffte es, eine derartige Turnübung empfehle ich aber nicht zur Nachahmung!

Vom Kirchturm aus hat man einen beeindruckenden Rundumblick auf ganz Eggenfelden und das Rottal. Ganz rechts im Bild unten sehen wir die Hofmark Gern und dorthin führt uns jetzt unser Weg.

Hofmark Gern

Wir kehren zurück zur Rott, begleiten sie ein kleines Stückchen weiter und erkunden den heutigen Stadtteil Gern ein wenig genauer.

Gern ist eine Hofmark und war in vergangenen Zeiten bedeutender und einflussreicher als der damalige Markt Eggenfelden. Ein Ortsadelsgeschlecht ist bereits seit dem Jahr 1070 in „Geren" nachweisbar, ab Mitte des 14. Jh. erscheinen die von Closen als Lehensträger von Gern. Ihnen wurde das Privileg verliehen, auf ewige Zeiten alljährlich einen 14 Tage dauernden Jahrmarkt – den „Gerner" – abzuhalten. Dieser findet jedes Jahr im April statt und zieht viele Besucher aus nah und fern an.

Im Eggenfeldener Stadtpark blüht und summt es im Frühling!

Unten: Panoramablick ins Rottal

Vorherige Seite:
Blick auf die Rott von der Öttinger Straße aus

Links:
Kupferstich „Schloß und Hofmark Gern" von Michael Wening

Hofmark Gern

Am Marktplatz in Gern

Das „Alte und Neue Schloss" stehen heute leider nicht mehr, aber einige der Hofmarksgebäude sind noch gut erhalten und werden nach und nach renoviert bzw. neuen Nutzungsmöglichkeiten zugeführt. Mittlerweile ist Gern auch baulich mit Eggenfelden zusammengewachsen, nachdem die Hofmark 1972 im Zuge der Gebietsreform eingemeindet wurde.

Der Schlosspark Gern samt 2004 neu angelegtem „Theatron", in dem vielfältige kulturelle Veranstaltungen unter freiem Himmel stattfinden, lädt uns zu einem schönen Spaziergang ein. Am angerartigen „Marktplatz" können wir unseren fahrbaren Untersatz zurücklassen und dann durch ein kleines Tor den Schlosspark betreten.

Das „Theatron"

Glyzinie im Schlosspark

"Lichtl am Berg"

Rund ums Theatron, das wie ein Amphitheater gestaltet ist, finden wir noch schönen, alten Baumbestand und üppig blühende Sträucher. Im Frühling und Sommer zwitschern hier viele Vögel und es bietet sich an, hier auf einer Decke zu picknicken oder einfach die Ruhe von der geschäftigen Stadt auf sich wirken zu lassen.

Wir verlassen den Schlosspark in nordöstlicher Richtung und überqueren den Geratskirchener Bach, kurz: die Gera, die nur wenige hundert Meter flussabwärts in die Rott münden wird. Von hier aus haben wir einen schönen Blick auf die alte Schlosskirche „St. Georg", die um 1500 erbaut wurde und mehrere prachtvolle Rotmarmor-Wappensteine und -Grabdenkmäler derer „von Closen" beherbergt.

Der Lichtlberger Wald

Wir setzen unseren Spaziergang fort und biegen nach rechts zum Gaisberg in den Lichtlberger Wald ein, einen wundervoll verträumten Märchenwald.

Zur Einstimmung möchte ich Ihnen die „Sage vom Lichtlberger Wald" erzählen:

„Vor langer Zeit schwebten in einer stockfinsteren Allerseelennacht hellflackernde Lichtlein über den Baumwipfeln auf und ab. Es war, als wollten sie jemand anrufen und um Hilfe heischen. Ein Bauer aus der Umgebung, dem es an diesem Tag zu spät geworden war, trottete heimwärts. Als er die eigenartigen Flämmchen sah, schritt er schneller aus und begann, ein Vaterunser zu sprechen. Zwischen den Bitten und Anrufungen murmelte er: ‚Lichtl am Berg. Lichtl am Berg.' Während er so fortfuhr zu beten, erlosch ein Lichtlein nach dem anderen, und die Erscheinung verschwand. Die um Hilfe flehenden armen Seelen waren in das Fegefeuer zurückgekehrt."

nach Ludwig Albrecht

Wenn wir nun den Lichtlberger Wald betreten und durchwandern, dann erschließt sich uns nach und nach die Bedeutung dieser Sage.
Vielleicht hat es sich ja auch wirklich so zugetragen…

Schlosskirche „St. Georg" in Gern

Wir gehen ein Stückchen weiter in den Wald und treffen rechter Hand erneut auf die Gera, die verträumt durch den Wald mäandert und ruhig auf die Rott zusteuert. Wir folgen den beschilderten Wegen und tauchen weiter in diesen wahrgewordenen Märchenwald ein.

Die Stimmung hier ist sehr friedlich, immer wieder laden Bänke zum Verweilen und Spüren dieses wunderbaren Waldes ein. Wir spazieren an mehreren Weihern vorbei und lassen unsere Seele baumeln, denn dieser Wald ist ein wahrer Energiequell!

Die Gera im Lichtlberger Wald

„Jedes Glück, das mich findet, ist eine Gnade des Herzens und das Glück im Walde ist einem Herzen lieber als das Glück anderswo."
Adalbert Stifter

Nehmen Sie Platz!

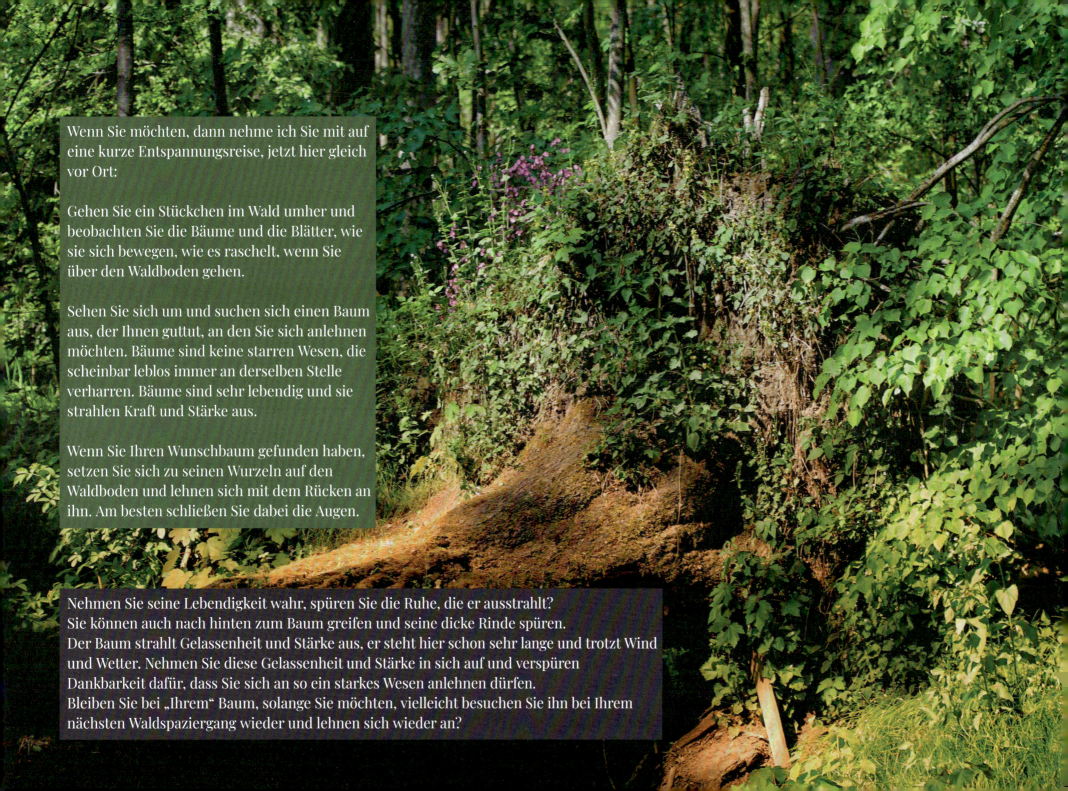

Wenn Sie möchten, dann nehme ich Sie mit auf eine kurze Entspannungsreise, jetzt hier gleich vor Ort:

Gehen Sie ein Stückchen im Wald umher und beobachten Sie die Bäume und die Blätter, wie sie sich bewegen, wie es raschelt, wenn Sie über den Waldboden gehen.

Sehen Sie sich um und suchen sich einen Baum aus, der Ihnen guttut, an den Sie sich anlehnen möchten. Bäume sind keine starren Wesen, die scheinbar leblos immer an derselben Stelle verharren. Bäume sind sehr lebendig und sie strahlen Kraft und Stärke aus.

Wenn Sie Ihren Wunschbaum gefunden haben, setzen Sie sich zu seinen Wurzeln auf den Waldboden und lehnen sich mit dem Rücken an ihn. Am besten schließen Sie dabei die Augen.

Nehmen Sie seine Lebendigkeit wahr, spüren Sie die Ruhe, die er ausstrahlt?
Sie können auch nach hinten zum Baum greifen und seine dicke Rinde spüren.
Der Baum strahlt Gelassenheit und Stärke aus, er steht hier schon sehr lange und trotzt Wind und Wetter. Nehmen Sie diese Gelassenheit und Stärke in sich auf und verspüren Dankbarkeit dafür, dass Sie sich an so ein starkes Wesen anlehnen dürfen.
Bleiben Sie bei „Ihrem" Baum, solange Sie möchten, vielleicht besuchen Sie ihn bei Ihrem nächsten Waldspaziergang wieder und lehnen sich wieder an?

Die Geramündung und die Prühmühle

Jetzt fühlen wir uns richtig gestärkt für den nächsten Herzensweg entlang der Rott! Wir folgen der Gera wieder flussabwärts und kehren zurück zur Hofmark Gern. Weiter geht's entlang des Radweges in Richtung Hebertsfelden. Nach nur wenigen hundert Metern erreichen wir die Mündung der Gera in die Rott.

Und was sehen wir von hier aus über die Bäume und Sträucher an der Rott?
Es grüßt uns ein alter Bekannter, der Kirchturm der Eggenfeldener Stadtpfarrkirche!

Nicht nur die Menschen fühlen sich wohl an der Rott, immer wieder treffen wir auf viele Tiere, die die Wiesen und Auwälder besiedeln.

Wir folgen dem Lauf der Rott weiter entlang des Radweges, biegen am kleinen Stausee links in Richtung Flussufer ab und erblicken dann nur wenig später auf der gegenüberliegenden Flussseite die Prühmühle, die sehr idyllisch gelegen ist. Die Mühle ist seit vielen Generationen im Besitz derselben Familie. In den letzten Jahren wurde viel restauriert und die Mühle für eine andersartige Nutzung als Seminarort umgebaut. Es werden Führungen angeboten, und die alte Mühle und das Sägewerk können z.B. auch im Rahmen des „Tages des offenen Denkmals" besichtigt werden.

Am Ende dieses Weges erreichen wir eine kleine Landzunge, die ebenfalls einen schönen Blick auf die Rott und einen Platz zum Innehalten bietet.
Lassen Sie uns an diesem Lieblingsplatz ein wenig die Ruhe genießen bevor wir wieder den Rückweg antreten.

Der Bürgerwald

Wenn Sie noch ein wenig Zeit für einen Herzensweg mitbringen, möchte ich Ihnen noch einen weiteren schönen Eggenfeldener Wald vorstellen, der im wahrsten Sinne des Wortes allen Eggenfeldenern gehört: den Bürgerwald.

Pfarrkirche Eggenfelden von der Geramündung aus

Eine Gans an der Rott

Gegenüber:
Schafe bei der Prühmühle

Gera kurz vor Mündung in die Rott

Welch schöner Platz zum Verweilen!

Der Bürgerwald liegt etwas abseits der Rott am nördlichen Hang und wird von der Bundesstraße B20 durchschnitten. Er wurde im Jahre 1335 von Herzog Heinrich XIV. an die Bürger der Stadt Eggenfelden übereignet, die dem Herzog treue Dienste geleistet hatten. Der Bürgerwald blieb bis heute unverändert in seiner Größe von gut 60 Hektar in kommunalem Besitz. Sollte er jemals veräußert werden, müsste gemäß Vermerk im Urkataster jeder eingetragene Hausbesitzer Eggenfeldens einen Teil des Erlöses erhalten.

Durch den Wald führen viele Wanderwege und ein (mittlerweile auch digitaler) Waldlehrpfad, der uns die heimischen Tier- und Pflanzenarten ein wenig näherbringt. Gerade im Herbst bietet der Bürgerwald ein wahres Farbenspektakel!

Und – Sie haben es wahrscheinlich bereits geahnt – auch der Bürgerwald ist ein Ort der Sagen und Mythen, wie uns die Sage vom „Falterwartl" aus Waltingers „Niederbayerischen Sagen" nahebringt:

„*Unsere Großeltern noch hatten den Brauch, alle ihre Grundstücke, Felder, Wiesen und Wälder zu umzäunen. Durchführende Fahr- und Fußwege waren durch sogenannte Falter (Falltüren) zu nehmen. Aus jenen Zeiten erzählt man sich häufig von nächtlichen Reitern ohne Kopf, von Schimmeln, die mit und ohne Kopf herrenlos ihres Weges trabten. Dazu erzählt man auch, dass jedesmal, so oft diese unheimlichen Menschen- und Tiergestalten, die natürlich nichts anderes als Weizen [d.h. Geister] sein konnten oder gar der Teufel selber, an solche Umzäunungen kamen, sich die Falter von selbst öffneten und schlossen. Im Bürgerwalde bei Eggenfelden aber war öfters ein Mann zu sehen, der dem ankommenden Reiter ohne Kopf immer die Falter öffnete, hinter ihm schloß und dann mit ihm verschwand. Diesen sonderbaren Pförtner nannte man den Falterwartl.*"

Ist Ihnen auch ein wenig unheimlich geworden, so wie mir gerade? Aber keine Angst, wir kehren zurück in die helle, frische Luft des Rottals, und folgen der Rott auf ihrer nun schon etwas „erwachseneren" Reise zum Inn.

Bürgerwald im Herbstlaub

Hier können wir gut durchatmen!

Gegenüber:
Märchenhafter Bürgerwald

Hebertsfelden und Rottenstuben

Gegenüber:
Der Rottalradweg kurz vor Hebertsfelden

Mit dem Radl geht es immer weiter an der Rott entlang, vorbei an saftigen Wiesen und Feldern. So erreichen wir schließlich im noch bäuerlich geprägten Rottaler Land die nächste Ortschaft auf unserer gemeinsamen Reise an der Rott: Hebertsfelden.

Das Dorf wirkt beschaulich und erstreckt sich über ein sehr großes Gebiet, seitdem der Gemeinde in der Gebietsreform von 1972 noch Teile von Gern und Langeneck, sowie Linden und Unterhausbach und später Niedernkirchen zugeschlagen wurden. Das Ortsbild prägt die Pfarrkirche „St. Emmeram" aus der Mitte des 19. Jh.

Die Rott fließt ein wenig außerhalb in Richtung Linden am Ort vorbei. Wir folgen ihr weiter und treffen auf einen kleinen Zulauf, den Lindenbach, der sich kurz vor Schwaiglehen mit der Rott vereinigt.

Pfarrkirche „St. Emmeram"

„St. Jakobus" in Rottenstuben

Der Lindenbach fließt in die Rott

Ein Stückchen weiter der Rott entlang liegt auf einer Anhöhe rechter Hand Rottenstuben, ein kleiner Weiler mit einem für viele unbekannten Juwel: der Jakobuskirche aus dem 15. Jahrhundert.
Die Kirche ist äußerlich sehr schlicht, aber kunsthistorisch aufgrund alter, unlängst wieder freigelegter Fresken ein sehr bedeutsames Bauwerk. Sie sind nur in Fragmenten erhalten, aber dennoch wunderschön.

Früher war die Kirche das Ziel einer Kriegerwallfahrt.
Heute kommen die Menschen aus einem anderen Grund: einmal im Jahr sind richtig viele Besucher in Rottenstuben, nämlich dann, wenn am Pfingstmontag traditionell die jungen Burschen auf den Maibaum kraxeln. Seit fast 50 Jahren findet dieses Fest nun statt und ist mittlerweile über die Landkreisgrenzen hinaus bekannt.

Zurück am Fluss folgen wir seinem Lauf und werden in Kürze Pfarrkirchen erreichen. Zuvor sehen wir uns aber noch in Postmünster um, das lohnt sich auf jeden Fall!

Postmünster und der Rottauensee

Gegenüber:
Die Rott zwischen Hebertsfelden und Postmünster

Nachdem wir die Maibaumkraxler von Rottenstuben bewundert haben, nähern wir uns nun langsam Pfarrkirchen, das die Rott in der Vergangenheit oftmals durch verheerende Überschwemmungen heimsuchte. Denn so friedlich die Rott wirkt, wenn wir sie während unserer Reise beobachten, so zerstörerisch können ihre Fluten sein.

Bereits seit dem Mittelalter dürfte das Rottal durch den zunehmenden Eingriff des Menschen in die Flusslandschaft (Mühlen, Rodungen, etc.) immer wieder stark hochwassergefährdet gewesen sein. Das Jahrhunderthochwasser von 1954 überflutete im Rottal rund 7000 Hektar landwirtschaftlicher Nutzfläche, viele Brücken und Gebäude stürzten ein und fünf Menschen fanden den Tod in den braunen Fluten.

So entschloss man sich vor nunmehr fast 50 Jahren zum Bau eines Rückhaltebeckens vor den Toren Pfarrkirchens bei Postmünster, um die Rott besser regulieren zu können.

Was mit diesem Bau einherging, war die Erschaffung eines vielfältigen Naherholungsgebietes rund um Postmünster. Es entstanden viele Sport- und Freizeitanlagen, die von der Bevölkerung gern und oft genutzt werden. Zudem konnte man durch den Bau des Staudamms im unteren Rottal weitgehend auf zusätzliche Ausbauten der Rott verzichten, was dort wiederum zum Aufbau einer natürlichen Flussauenlandschaft führte.

Blick auf den Rottauensee

Maibaumkraxeln in Rottenstuben

Am Aussichtspunkt in Wolfsberg

Gegenüber:
Die „Hustenmutterkapelle" bei Postmünster

Gerne möchte ich Sie zu einem schönen Aussichtspunkt auf den Rottauensee mitnehmen. Wir setzen hierfür unseren Weg in Richtung Postmünster fort und biegen auf Höhe des Seehotels rechts bergan in Richtung Wolfsberg ab.
Auf der Hügelkuppe können wir den fantastischen Ausblick genießen und sogar bis nach Pfarrkirchen schauen!

Schloß Thurnstein

Auch kunsthistorisch hat Postmünster einiges zu bieten. Ein wenig versteckt an der Straße den Berg hinauf in Richtung Wühr liegt Schloss Thurnstein, eine dreiflügelige barocke Anlage, die im 17. Jh. erbaut wurde. Der dazugehörige Schlosspark wurde von Carl Effner gestaltet, der u.a. auch den Schlosspark in Schönau und den Englischen Garten in München angelegt hatte. Das Schloss samt zugehöriger Schlosskirche „Maria Heimsuchung" befindet sich in Privatbesitz, aber zumindest die Kirche kann nach Anmeldung besichtigt werden.

Die „Hustenmutterkapelle"

Wir kehren zurück zur Rott in Postmünster und entdecken ganz nahe neben dem Rottalradweg eine sehr schöne Kapelle. Es handelt sich um die sogenannte „Hustenmutterkapelle", die als Rokokorundbau im Jahre 1748 errichtet wurde und seither Ziel vieler Pilger war und ist.
Vor allem Menschen mit Hals- und Lungenleiden bitten die Muttergottes um Hilfe, wovon leider nur noch sehr wenig vorhandene Votivtafeln Zeugnis ablegen.
Die Großmutter sagte uns Kindern immer, wenn wir Halsweh und starken Husten hatten: „Zur Hustenmutter müsst's gehen, die hilft euch ganz bestimmt!".

Der Innenraum der kleinen Kapelle wirkt viel größer und luftiger als er tatsächlich ist. Ein wahrlich kraftvoller Ort, um ein kleines Gebet oder Bitte an die Muttergottes zu senden. Neben der Kapelle steht eine kleine Bank und ein Schatten spendender Baum, wo wir eine kurze Rast einlegen. Hier können wir einen Blick zurück auf Postmünster und auf das vor uns liegende Pfarrkirchen werfen.

Schloss Thurnstein bei Postmünster

Eine wunderschöne Kapelle!

Pfarrkirchen – Stadt der Pferde und der sieben Hügel

Die Pfarrkirchener „Rottauen" und die „Mooreiche"

Wenn wir nur immer stur dem Weg am Fluss folgten, ohne unseren Blick nach rechts oder links zu heben, dann würden wir beinahe an Pfarrkirchen vorbeifahren, das wirklich einen (gerne auch etwas längeren) Zwischenstopp wert ist. Denn die Rott fließt ein wenig außerhalb des Stadtkerns an Pfarrkirchen vorbei.

In den vor einigen Jahren renaturierten „Rottauen" läßt es sich sehr gut vom Alltag erholen. Viele Bänke wurden entlang des Flusses aufgestellt und wir können auf dem Naturerlebnisweg viele heimische Tier- und Pflanzenarten entdecken, die sich wieder neu angesiedelt haben. Hier können wir einen Spaziergang machen, spielen und kneippen, barfuß durch Löwenzahnwiesen laufen und heimische Wildblumen pflücken.

Etwas weiter flussabwärts kommen wir zur Festwiese, auf der wir ein besonders Fundstück besichtigen können: die „Pfarrkirchener Mooreiche".
Sie wurde 1996 bei Bauarbeiten ausgegraben und wuchs vor über 2000 Jahren zur Zeit Christi Geburts in den Rottauwäldern. Der alte Baum könnte bestimmt viele interessante Geschichten über unsere Vergangenheit erzählen!

Stadtplatz und Ringallee

In Pfarrkirchen haben wir nun das Gebiet der „Oberen Rott" hinter uns gelassen, wir befinden uns nun mitten im „Rottal", zu dem nicht nur die direkt am Fluss liegenden Ortschaften zählen, nein, auch die Menschen des angrenzenden Hügellandes zählen sich zu den „Rottalern".
Das anfangs sehr schmale Bächlein hat sich nun zu einem Fluss gemausert, der das von ihm durchflossene Gebiet als seine eigene Landschaft, eben das „Rottal" prägt. Pfarrkirchen wird gerne als die „heimliche Hauptstadt des Rottals" bezeichnet.

Pfarrkirchens Innenstadt

Die „Pfarrkirchener Mooreiche"

Löwenzahnwiese in den Rottauen

Ein Blick auf Pfarrkirchen von oben

Herzlich Willkommen!

Manche Historiker, wie z.B. der Kemptener Josef Spahnfehlner bringen Pfarrkirchen mit einer römischen Siedlung mit Namen „Aurisium" in Verbindung, aber gesichert ist dies bislang nicht.

Erstmals wurde der Ort als „Pharrachiricha" im 9. Jh. schriftlich erwähnt, um 1250 wurde er als „forum" mit Marktrechten, im Jahr 1862 von König Maximilian mit den Stadtrechten ausgestattet. Mit der Gebietsreform 1972 wurde Pfarrkirchen Kreisstadt des Landkreises Rottal-Inn. Im Jahr 2015 wurde Pfarrkirchen Hochschulstadt, denn seitdem ist hier der „European Campus" der Technischen Hochschule Deggendorf beheimatet.

Über die Jahrhunderte ist so aus einem aufstrebenden, kleinen, mittelalterlichen Marktflecken mit Ringwall eine Stadt entstanden, die sich weltoffen und multikulturell zeigt. Vom den Stadtkern umgebenden Ringwall, der im 16. Jh. ausgebaut wurde, finden wir übrigens noch große Teile, wenn wir entlang der mit Kastanien gesäumten Ringallee im Stadtzentrum die Innenstadt „umkreisen".

Die Ringallee an sich stellt zu allen Jahreszeiten einen großen Erholungsfaktor für die Pfarrkirchener dar. Hier kann man spazieren gehen, auf Bänken unter den alten Kastanienbäumen sitzen, Kunstwerke lokaler Künstler bewundern oder im Winter am Stadtweiher (ein Rest des Stadtgrabens) beim Eisstockschießen zuschauen.

Die sieben Hügel Pfarrkirchens und die alte Eiche am Sportplatz

Wussten Sie, dass Pfarrkirchen wie Rom auf sieben Hügeln erbaut wurde? Wir werden nun gemeinsam einige der Hügel besuchen. Vielleicht möchten Sie mit mir Pfarrkirchen über den gut ausgeschilderten „Sieben-Hügel-Weg" entdecken (Start am Stadtweiher)?

Wenn wir am nordwestlichen Eck der Ringallee dem Fußweg folgen, erreichen wir zunächst den *Kellerberg*, der vermutlich so heißt, weil in früheren Zeiten dort im Winter in Erdkellern Eisschollen eingelagert wurden, mit denen die Brauereien in den Sommermonaten ihr Bier kühlen konnten. Weiter bergan, nahe des Schulzentrums, erreichen wir den *Griesberg*.

In der Ringallee

Kunst in der Ringallee

Nächste Seite:
Kirschblütentraum in der Ringallee

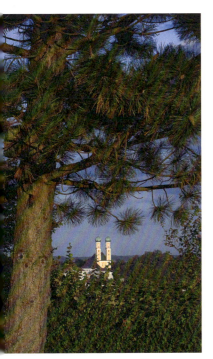

Blick zum Gartlberg

Der „Rote Turm"

Von hier aus hat man einen wunderschönen Blick auf die Wallfahrtskirche am *Gartlberg*.

Ganz in der Nähe steht ein wunderbarer Baum, den ich Ihnen zeigen möchte, eine sehr alte Eiche. Sie steht schon seit sehr langer Zeit hier am Sportplatz und nach und nach wurde sie von den modernen Bauten „umzingelt".

Etwas weiter westlich liegt der *Galgenberg*, der, wie der Name schon sagt, in früheren Zeiten als Hinrichtungsstätte diente. Auf dem *Gartlberg* steht die berühmte gleichnamige Wallfahrtskirche, welche wir später noch besuchen werden.

Der *Reichenberg* war früher Adelssitz, im 13. Jh. wurde dort eine Burg von den Ortenburger Grafen errichtet, die lange Zeit Sitz des Vitztums war. Diese ist leider nicht mehr erhalten, aber der Ort bietet heute wie damals einen schönen Ausblick aufs Rottal und einen schattigen Biergarten noch dazu.

Fehlt noch der *Höckberg*, der sich an den *Reichenberg* in Richtung Degernbach anschließt und dessen Name sich wohl von „Hecke" ableitet. Er war früher nur sehr dünn besiedelt und mit Hecken bewachsen. Schließlich zu guter Letzt der *Hopfenberg*, der sich östlich des Stadtplatzes in Richtung *Gartlberg* befindet und an dessen Hängen in alter Zeit der Hopfen der Pfarrkirchener Bierbrauer wuchs.

Innenstadtentdeckungen und Pferdesport

Wir kehren jetzt von der alten Eiche über den Kellerberg wieder zur Ringallee zurück, gehen am „Roten Turm" vorbei, biegen links in die Lindnerstraße ein und erreichen den prächtigen Pfarrkirchener Stadtplatz.

Hier hat man einen schönen Blick auf das, was Pfarrkirchen im Kern ausmacht: alte, aber sehr schön erhaltene Fassaden aus dem 16. und 17. Jh. im „Inn-Salzach-Stil". Schmucke Häuser säumen den Stadtplatz und viele kleine Cafés und Geschäfte laden zum Verweilen ein. Im Sommer verströmt er ein fast mediterranes Flair!

Die alte Eiche ist so ein schöner Baum!

Gegenüber:
Der wunderschöne Pfarrkirchener Stadtplatz

Wenn wir vom „Alten (erst kürzlich renovierten) Rathaus" in Richtung des „Neuen Rathauses" blicken, entdecken wir eine Bronzeplastik, die essentiell für das Selbstverständnis der Pfarrkirchener ist: das „Wimmer-Ross". Es wurde von einem Pfarrkirchener, von Prof. Hans Wimmer im Jahre 1942 geschaffen. Er hat es 1965 seiner Heimatstadt zum Geschenk gemacht, verbunden mit der Mahnung „das Roß im Rottal nicht aussterben zu lassen".

Das „Wimmer-Ross" transportiert die große Bedeutsamkeit der Pferdezucht im Rottal, deren Ursprung der Legende nach bis zu den Ungarneinfällen vor 1000 Jahren zurückzuverfolgen ist. Hierbei dominierten aber keine großen Gestüte, sondern die Pferdezucht scheint seit jeher in Fleisch und Blut jedes Rottaler Bauern zu stecken. Fast jeder züchtete seine eigene Rasse, was dazu führte, dass die „Rottaler" in ihrer Rasse als uneinheitlich gelten. Die Pferde sollten sich zum einen für den Ackerbau, zum anderen als „Waglross" eignen.

Noch heute gibt es einen zusätzlichen Feiertag in Pfarrkirchen, den „Pfarrkirchener Nationalfeiertag". Am Pfingstdienstag pilgert die ganze Stadt zur ältesten Trabrennbahn Bayerns, um den stolzen Trabrennpferden zuzusehen und der damit verbundenen Pferdewette zu frönen.

Am „Pfarrkirchener Nationalfeiertag" auf der Trabrennbahn

Das „Wimmer-Ross"

Wallfahrtskirche „Zur Schmerzhaften Muttergottes" am Gartlberg

Wenn wir den Stadtplatz in Richtung Passauer Straße verlassen, dann treffen wir erneut auf die Ringallee. Hier biegen wir links ab und folgen der Straße zum Gartlberg hinauf, wo wir über den Kreuzweg die wunderschöne, barocke Wallfahrtskirche erreichen, die wie ein Wahrzeichen über Pfarrkirchen und dem Rottal thront.

Sie ist der „Mater Dolorosa" geweiht, der „Schmerzhaften Muttergottes" und wurde nach Fertigstellung Ende des 17. Jh. zum Ziel vieler frommer Pilger. Die Wallfahrt auf den Gartlberg begann jedoch bereits einige Jahre früher, als 1659 ein Pfarrkirchener Hutmacher beim wohl bereits existierenden Kalvarienberg am Gartlberg ein Vesperbild der Mutter Gottes an einen Kiefernbaum nagelte. Im selben Jahr errichtete die Corpus-Christi-Bruderschaft ein Heiliges Grab nach der Form des Heiligen Grabes in Jerusalem.

Als dann im Jahr darauf ein in eine Wassergrube gefallenes Mädchen gerettet wurde und mit Hilfe der Mutter Gottes wieder zum Leben erwachte, und sich weitere „Wunder" ereigneten, verstärkte sich der Zulauf und es wurde im gleichen Jahr eine kleine Holzkapelle um den Kiefernbaum gezimmert. 1661 erfolgte die Grundsteinlegung für die heutige Wallfahrtskirche, es dauerte allerdings bis 1687/88 bis die Kirche fertiggestellt und das Gnadenbild auf den Tabernakel des Hochaltars übertragen werden konnte.

Heute noch kann man durch den Besuch des Heiligen Grabes hinter dem Hochaltar dieselben Ablässe wie durch den Besuch des Heiligen Grabes in Jerusalem erhalten. Viele Votivtafeln zeugen von der einst prosperierenden Wallfahrt auf den Gartlberg (durchschnittlich kamen in diesen Jahren 20.000 Pilger pro Jahr zur Wallfahrtskirche!), die nach der Säkularisation im Jahr 1803 beinahe zum Erliegen kam. Erst nach dem 1. Weltkrieg, als 1921 die Salvatorianer die Seelsorge übernahmen, kam wieder Leben auf den Gartlberg.

Wallfahrtskirche Gartlberg

Blick durch die Kirchentür

Kreuzweg zum Gartlberg hinauf

Robert Bernhard Erbertseder schrieb das wunderschöne „Gartlberger Wallfahrtslied", das noch heute gerne bei Veranstaltungen auf dem Gartlberg angestimmt wird:

> „Weil aller Schmerz sich mildert,
> der deinen Trost erfleht,
> sind wir heraufgepilgert
> mit Lobpreis und Gebet
> zu dir, du Schmerzdurchbohrte,
> und blicken zu dir hin:
> verschmäh nicht unsre Worte,
> du Schmerzenskönigin!
>
> Gnadenmutter vom Gartlberg,
> o Maria,
> in unsrer Not uns tröst' und stärk',
> o Maria,
> dass die Tränen, die wir weinen,
> einmal hell wie Sterne scheinen;
> führ zu Gott uns, dem Dreieinen,
> o Maria! [...]"

Seit 2015 kümmern sich Patres des Paulinerordens um die Betreuung der Seelsorge auf dem Gartlberg. Sie bewahren die Wallfahrt und halten das kirchliche Leben auf dem Gartlberg am Leben.

Wenn wir jetzt auf dem Friedhof, der sich rund um die Kirche zieht, ein wenig bergab in Richtung Stadt gehen, dann kommen wir an einen Aussichtspunkt mit wunderschönem Blick auf Pfarrkirchen und das mittlere Rottal.

Stadtpfarrkirche „St. Simon und Judas Thaddäus"

Welch wunderschöner Ausblick auf Pfarrkirchen!

Reichenberg und die Mahlgassinger Mühle

Ich möchte mit Ihnen nun meinen Herzensweg über Pfarrkirchens Hügel fortsetzen. Daher verlassen wir den Gartlberg und gehen ein wenig bergan, biegen rechts ab, dann gleich wieder links und gehen hinter dem neuen Friedhof vorbei. Wir biegen nun rechts in den Feldweg ein, betreten einen wunderschönen Wald und gehen hinüber zum Reichenberg, auf dem rechter Hand im Wald eine kleine Wegkapelle aus dem 18./ 19. Jh. steht.

Auf dem Reichenberg befand sich in alter Zeit zunächst die Burg der Ortenburger Grafen, dann ein Jagdschloss der Wittelsbacher Landsherrn und er war schließlich der Sitz des Vitztums bei der Rott. Heute finden wir an der höchsten Stelle des Reichenbergs mit toller Aussicht auf das Rottal einen schönen Biergarten, der zum Verweilen einlädt.

Hier stand in früheren Zeiten die schon erwähnte, beeindruckende Burg Reichenberg, die aber leider nicht mehr erhalten ist. Der Kupferstich von Michael Wening verschafft uns einen Eindruck, wie es hier vor rund 300 Jahren ausgesehen hat.

Frisch gestärkt gehen wir ein kleines Stück zurück und biegen dann rechts in den Kapellenweg und in die Höckberger Straße ein, bis wir linker Hand einen Feldweg erreichen, der uns nach Degernbach bringt.

Auf dem kleinen Feldweg können wir die Aussicht genießen und treffen vielleicht auf Wildtiere wie Hasen und Rehe, die sich gerne auf den saftigen Wiesen aufhalten. Degernbach heißt so wie der kleine Bach, dem wir nun durch das Dorf folgen bis wir schließlich die Bundesstraße unterqueren.

Kapelle auf dem Reichenberg

Gegenüber:
Winteridylle über den Dächern Pfarrkirchens

Hier läßt es sich gut aushalten!

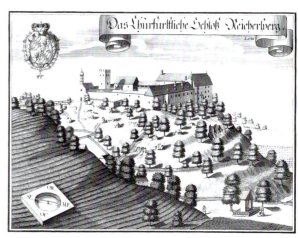

„Schloß Reichenberg" Anfang des 18. Jh.

Wegkreuz an der Mahlgassinger Mühle

Das „Rottaler Boggal" und seine Gleise durchs Rottal

Gegenüber:
Mahlgassinger Mühle mit Blick auf den Gartlberg

Wenn wir ein kleines Stück zurück entlang der Bahngleise in Richtung Pfarrkirchen gehen, treffen wir auf die größte Mühle an der Rott, die Mahlgassinger Mühle, deren Mühlenrad sich bereits seit über 1000 Jahren und glücklicherweise auch heute noch dreht.

Gleich gegenüber steht ein altes gusseisernes Wegkreuz, das uns zum kurzen Innehalten einlädt.

Vielleicht schließt sich hier jetzt gleich die Schranke und ein Zug der SüdostBayernBahn fährt an uns vorbei, die das Rottal per Schiene mit der großen weiten Welt verbindet.
Denn entlang des Flusses – das ist Ihnen bestimmt aufgefallen – treffen wir in der Talsohle immer auch auf Bahngleise, die der Rott vermeintlich auf Schritt und Tritt folgen.

Die Anbindung Pfarrkirchens an das innerdeutsche Eisenbahnnetz erfolgte im Jahr 1879, was wie ein Motor in der Stadtentwicklung Pfarrkirchens (und aller anderen anliegenden Ortschaften) wirkte. Heute verkehrt die „Boggalbahn" im Stundentakt zwischen München und Passau und bringt viele Urlauber ins schöne Rottal.

Blick ins Rottal in der Nähe von Degernbach

Auf dem Rottalradweg von Pfarrkirchen nach Bad Birnbach...

...entdecken wir eine vielfältige Tier- und Pfanzenwelt.

Die Rott bei Brombach

Wir folgen der Rott auf der alten Bundesstraße, auf der jetzt der Rottalradweg entlang führt, passieren die schöne alte Allee in den Rottwiesen und erreichen bei Hofroth eine weitere Mühle an der Rott. Inzwischen ist der Grasensee zur Rott gestoßen und macht sich mit ihr auf die Reise zum Inn. Hier besiedeln viele verschiedene Pflanzen- und Tierarten die naturbelassenen Wiesen entlang des Flusses.

Wir erreichen schon bald den kleinen Ort Brombach, der seit 1972 zu Bad Birnbach gehört. Die Rott wurde hier zur Stromgewinnung in zwei Arme geteilt, so dass in der Mitte eine Insel entstanden ist, auf der heute viele Wohnhäuser stehen. Früher war Brombach Edelsitz und musste als Hofmark einige Bedeutung gehabt haben.
Vom Schloss zeugt heutzutage leider nur noch die kleine Kirche, die ehedem die Schlosskapelle war und heute eine Filialkirche von Hirschbach ist.

Hier wachsen Hagebutten...

Blick auf die Rott von der alten Römerstraße aus

...und hier summt und brummt es!

Gegenüber:
Märchenhafte Herbststimmung an der Rott bei Brombach

Abstecher ins Altbachtal: Ausflug zur „Kaser Steinstube"

In Brombach verlassen wir den Lauf der Rott und folgen der Straße in Richtung Anzenkirchen, machen also einen kurzen Abstecher ins Altbachtal. Dieses Nebental der Rott besticht durch besondere landschaftliche Schönheit. Es weist im Quellbereich des Altbachs eine Hügelkette auf, die der Inngletscher vor Jahrmillionen geformt hat. Bizarre Gesteinsformationen sind mitunter entstanden, wie z.B. in der „Kaser Steinstube" oder „Kaser Stoastubn", wie der Rottaler zu sagen pflegt. Dort türmen sich Nagelfluhfelsbrocken in wilden Haufen. Man bekommt fast den Eindruck, als wäre man in einer Gebirgsklamm und nicht im Rottal!

Die „Stoastubn" erreichen wir, wenn wir von Anzenkirchen nach Triftern (auch ein schöner Marktflecken!) und dann kurz in Richtung Neukirchen fahren. Wir biegen links in Richtung Wittibreut ab und kommen nach Unterpaikertsham, wo wir ein Hinweisschild finden, dem wir zum Wald folgen.

Im Wald gehen wir rechts zum Bachlauf und voilá – hier ist das Felsengewühle, das gleichzeitig auch als wildromantischer Abenteuer- und Kletterplatz – nicht nur für Kinder – dienen kann!

Von diesen Felsblöcken erzählt die Sage, dass sich damit Riesen gegenseitig so lange beworfen haben, bis sie selbst darunter begraben waren. Finden Sie es selbst heraus und versuchen, die Steine hochzuheben – vielleicht entdecken Sie ja einen der Riesen darunter!

Wir beenden unseren kleinen Abstecher und fahren zurück nach Anzenkirchen, das im Jahrtausendhochwasser 2015 sehr stark durch die Fluten des Altbaches in Mitleidenschaft gezogen wurde. Mittlerweile sind fast alle Spuren beseitigt, aber dieses Ereignis zeigt, welch zerstörerische Kraft auch einem kleinen, ruhigen Bach, wie der Altbach einer ist, innewohnen kann.

Ein „sagenhafter" Wald!

Gegenüber:
Ein verwunschener Platz mitten im Wald

Blick auf Triftern

Die „Kaser Stoastubn"

Neudeck und das Asenhamer „Krokodil"

Bevor wir zum Fluss zurückkehren, bleiben wir noch auf der rechten Rottseite. Ich möchte Sie zu einem Aussichtspunkt mitnehmen, von dem aus Sie einen wunderschönen Ausblick auf Bad Birnbach, Bad Griesbach und das weitere mittlere Rottal haben: nach Neudeck.

In früherer Zeit stand hier oben ein befestigtes, burgähnliches Schloss, doch das ist lange her. Es gehörte sehr lange zu den Besitztümern der Grafen von Ortenburg, wurde 1805 gegen die neugeschaffene Grafschaft Ortenburg-Tambach bei Coburg eingetauscht und vom Kurfürstentum Bayern an umliegende Bewohner veräußert. Über die Jahrhunderte wurde es baufällig und wohl Anfang des 19. Jahrhunderts abgerissen. Von der einstigen Schlossanlage ist nichts mehr erhalten, der Hügel ist nun komplett bewaldet, aber der Ausblick aufs Rottal ist nach wie vor wunderschön!

Heute erreicht man den Weiler, wenn man in Schwaibach den Berg hinauf abbiegt. Folgen Sie der Kiesstraße links oben am Berg und genießen den Ausblick, der in beide Richtungen geht – auch ins Rottaler Hinterland in Richtung Asenham und Lengsham!

Bildstock bei Neudeck

Kupferstich von Michael Wening

Bei Neudeck erwartet uns ein wunderschöner Ausblick auf das hügelige Rottaler Land in Richtung Asenham

Nicht weit von hier finden wir ein interessantes steinernes Überbleibsel, einen riesigen Nagelfluhblock. Dieser ist mitten auf einer Anhöhe in einer Wiese in den eiszeitlichen Strömen zum Liegen gekommen. Der Zahn der Zeit, sprich Erosion durch Wind und Wetter, haben dem Felsen das Aussehen eines Krokodils verpasst, darum wird er von den Rottalern auch „Krokodilfelsen" genannt.

Wir finden den Felsen, wenn wir von Neudeck weiter in Richtung Steina fahren, dort links abbiegen und an der nächsten Kreuzung rechts in Richtung Asenham fahren. Nach ungefähr 1 km „schläft" das Krokodil linker Hand auf einer Anhöhe bei Landerham auf seinem Ruheplatz und freut sich über unseren Besuch!

Beim Asenhamer „Krokodilfelsen" können wir uns zum Picknick in die Wiese setzen und die herrliche Aussicht genießen!

Rottal-Panorama bis nach Bad Griesbach

Bad Birnbach

Die Aunhamer Hügelgräber

Wir kehren nun zur Rott zurück und überqueren sie in Richtung Bad Birnbach. Hier machen wir einen kurzen Abstecher in die Frühgeschichte des Rottals und besuchen die Hügelgräber aus der Hallstatt- und Bronzezeit in Aunham, von denen uns auch Robert Bernhard Erbertseder erzählt:

Bei den Keltengräbern über der Rott

Über sommerheiße Felder,
Duft und Blühn an Weg und Rain,
flurverloren, hangverschwiegen,
wo die Keltengräber liegen,
moosig ins Gehölz hinein!

Fichten, Föhren, – und der Boden
hohl und modrig, und ein Braun
und ein Gold aus Schlaf und Frieden.
Fromme Weisheit der Druiden
flüsternd noch als Windgeraun.

Wasser lockt und Wehr im Grunde;
Rösser funkeln, Hengst und Stut.
Eppona tut von sich Kunde;
grüner Zauber füllt die Stunde;
dunkler pocht und pulst das Blut!

Ein mystischer Wald!

Dieses Gedicht beschreibt meine Eindrücke sehr gut, als ich das erste Mal zu den Aunhamer Hügelgräbern kam. Fast ein wenig mystisch muten die Hügel unter den Bäumen an, es war mir gleich klar, dass das keine „normalen" Erdaufhäufungen sein konnten.

Man erreicht die Hügelgräber am besten über den Giglerhof und den ausgeschilderten Wanderweg 1 („Hügelgräber"). Eine große Informationstafel erzählt und illustriert ein wenig die geschichtlichen Hintergründe und die Ausgrabungen im 19. Jh.

Dieses Schild weist uns den Weg zu den Hügelgräbern

Das Wäldchen wird als „Aunhamer Spitz" bezeichnet und dort erheben sich seit 2000 Jahren mehr als 114 Hügelgräber. Sie sind jetzt von hohen Bäumen bewachsen, die aber die Spuren der Vorfahren nicht verwischt haben.
Die Grabhügelnekropole von Aunham ist die bedeutendste Ansammlung von Grabhügeln aus der Bronze- und Hallstattzeit in ganz Niederbayern.

Menschen der Bronzezeit legten ihre Gräber gerne auf Hügeln an, von denen ein Blick in alle Richtungen möglich war. Man wollte seine Lieben möglichst nahe an der lebensspendenden Sonne bestatten, die Nähe zum Himmel war sehr wichtig. Zudem wendete man große Mühen bei der Anlage der Grabstätten auf.

Ausgrabungen u.a. von Buchdruckereibesitzer C. Kambli aus Pfarrkirchen Anfang der 1890er Jahre haben gezeigt, dass die Erde nicht einfach zur Bestattung aufgehäuft, sondern sorgfältig gesiebt wurde. Die Verstorbenen wurden nicht einfach „eingegraben", sondern mit der gesiebten Erde „zugedeckt", so entstanden die Hügel. Es wurden ihnen Dinge des täglichen Gebrauchs, wie z.B. Tontöpfe, ins Grab beigelegt. Zudem fanden sich zahlreiche Bronzeobjekte, die aber leider u.a. in Museumsarchiven verloren gegangen sind. Weiterhin wurde durch die Ausgrabungen festgestellt, dass die Grabstätten „nachbenutzt" wurden, d.h. in späteren Zeiten wurden weitere Verstorbene darin beigesetzt.
Insgesamt geht man davon aus, dass auf diesem prähistorischen Friedhof über einen Zeitraum von über 1000 Jahren Menschen beigesetzt wurden. Ein wahrhaft kraftvoller Ort zum Innehalten und Gedenken der eigenen Vorfahren!

Ein märchenhafter Wald!

Die Hügelgräber sind oft mit Bäumen bewachsen

Bad Birnbach

Gegenüber:
Vom Aunhamer Spitz aus haben wir einen tollen Ausblick aufs Rottal um Bad Birnbach

Kehren wir den Hügelgräbern und der Vergangenheit den Rücken und wenden uns im Hier und Jetzt dem aufstrebenden Kurort Bad Birnbach, dem „Ländlichen Bad", zu. Vieles hat sich verändert im bäuerlichen Rottal in den letzten Jahrzehnten, seit im September 1973 die erste Quelle, die „Chrysanti-Quelle", erbohrt und 1976 die „Rottal Terme" eröffnet wurde. Menschen aus ganz Deutschland kommen seitdem hierher um nach Erholung und Heilung zu suchen. Die Rottal-Bahn hält in einem etwas außerhalb des Ortes gelegenen Bahnhof, von dem aus die Badegäste seit kurzer Zeit auch vollelektrisch mit einem autonom fahrenden Bus in den Ort transportiert werden. Bad Birnbach ist hier Vorreiter in ganz Deutschland!

Bad Birnbach ist ein sehr alter Ort im Rottal, die ersten urkundlichen Erwähnungen („Perinpah") sind aus dem 8. und 9. Jahrhundert. Besiedelt war das Gebiet aber bereits wie erwähnt in der Bronze- und Hallstattzeit ab ca. 1800 v. Chr. Der Ort wurde im niederbayerischen Erbfolgekrieg 1504 eingeäschert und in der Folgezeit entwickelten Handel und Handwerk eine bescheidene Blüte. Die Erhebung zur Marktgemeinde erfolgte erst 1984 und 1987 bekam Birnbach das Prädikat „Bad" verliehen.

Eines hat sich in all den Jahren jedoch nicht verändert: sowohl Einheimische als auch die Besucher erfreuen sich an der großen landschaftlichen Schönheit des Rottals rund um Bad Birnbach!

Die Rott bei Bad Birnbach

Schöne Rottaler Landschaft

Nächste Doppelseite:
Birnbacher Impressionen

Die Holzkapelle in der Lugenz

Diese landschaftliche Schönheit des Rottals können wir auf einem Rundweg von Bad Birnbach aus zur Holzkapelle in der geheimnisvollen Lugenz weiter erkunden und dabei gleichzeitig einen wunderbaren Ort der Stille in einem „sagenhaften" Waldstück entdecken.
Wir starten am Parkplatz der Schule in Bad Birnbach in der Lugenzstraße.
Die Lugenz erstreckt sich grob zwischen Birnbach und Weng, einem kleinen Ort zwischen Birnbach und Bad Griesbach. Auf unserer Wanderung erreichen wir zunächst die „Bruder-Konrad-Kapelle", die 1998 zu Ehren des Rottaler Heiligen hier am Wegesrand errichtet wurde.

Johannes Birnberger, wie der Hl. Bruder Konrad mit weltlichem Namen hieß, kam beinahe jeden Tag zum Beten zu der wundersamen Holzkapelle in der Lugenz, die wir nun besuchen wollen. Wir biegen daher rechts ab in Richtung Wald und folgen dem weichen Waldweg für ungefähr eineinhalb Kilometer.
Im Wald genießen wir die gute Luft und die Stille, bis wir auf die kleine, hölzerne Marienkapelle treffen, die von zwei mächtigen Buchen eingerahmt wird. Hier kreuzen sich seit alter Zeit gleich mehrere Wege und just an diesem Kreuzungspunkt steht die Kapelle. Die Holzkapelle ist ungefähr 300 Jahre alt und wurde erbaut, nachdem eine Vorfahrin des Arterhofs in Lengham auf einer Wallfahrt zur Sammerei an dieser Stelle schwer erkrankt war. Sie gelobte nach Genesung eine Kapelle zu Ehren der Muttergottes zu errichten.

Erstaunlich sind die beiden alten Buchen, die rechts und links neben der Kapelle stehen, die sie gleichsam „beschützen".
Sie strahlen wahrhaftig eine besondere Kraft aus, überzeugen Sie sich selbst davon!

Den wahren Schatz der Kapelle finden jene, die einen Blick ins Innere werfen. Die Kapelle ist mit einer Replik des Altöttinger Gnadenbilds ausgestattet und beherbergt viele Votivtafeln und Kerzen, die von erhörten Gebeten Zeugnis ablegen.

Die „Bruder-Konrad-Kapelle"

Ein schöner Weg im Wald

Die Marienkapelle in der Lugenz

Fest verwurzelt

Nächste Seite:
Die beiden kraftspendenden Buchen neben der Marienkapelle

„Du wirst mehr in den Wäldern finden als in den Büchern...

...Die Bäume und die Steine werden dich Dinge lehren, die dir kein Mensch sagen wird."

Hl. Bernhard von Clairvaux

Die Fliehburg im Wald

Votivtafeln in der Marienkapelle

Setzen Sie sich ein wenig in die Stille der Kapelle oder wählen Sie einen Sitzplatz an Ihrem Lieblingsbaum und kommen Sie ganz zu sich. Lauschen Sie den Vögeln im Wald oder sprechen ein Gebet, das tut Ihnen bestimmt gut!

Ganz in der Nähe können Sie zudem eine alte Fliehburg bestaunen, die vermutlich zur Zeit der Ungarneinfälle vor über 1000 Jahren zum Schutz von Mensch und Vieh errichtet wurde. Sie finden den Ringwall, wenn Sie dem Wanderweg 4a bergan folgen.

Wir gehen nun aber zurück zur Kapelle und folgen dem Wanderweg 6 in Richtung Lengham. Wir verlassen den Wald und haben einen wunderschönen Ausblick auf das Rottal in Richtung Bayerbach und Langwinkl.

Am „Arterhof" in Lengham angekommen (hier könnten wir eine kurze Rast einlegen), biegen wir rechts in Richtung Bad Birnbach ab und folgen dem Weg, bis wir wieder zurück an der „Bruder-Konrad-Kapelle" sind.

Blick ins Rottal in Richtung Bayerbach

Die Wallfahrtskirche „Maria Heimsuchung" in Langwinkl

Zurück an der Rott in Bad Birnbach folgen wir ihr weiter bis sie nach einigen Schleifen in ihrem Lauf Bayerbach erreicht. Der Ort, einst eine Hofmark („Beuerbach"), ist heute in einer Verwaltungsgemeinschaft mit Bad Birnbach organisiert. Auf der Anhöhe in Richtung Kößlarn erreicht man den Weiler Langwinkl, der neben ein paar Häusern eine sehr interessante Wallfahrtskirche beherbergt.

Außen gerade fertig renoviert erstrahlt sie in neuem Glanz und kann auf eine lange Wallfahrtstradition zurückblicken. Die Kirche wird oft als „kleiner Gartlberg" bezeichnet. Sie wurde 1686 geweiht, nachdem 1629 der stumme Schmiedsohn Grienwald aus Salzburg am Ort ein Bild der Heimsuchung Mariens gefunden hatte. Nach mehreren Pilgerreisen nach Passau in die Maria Hilf-Kirche habe er die Sprache wiedergefunden und zum Dank eine kleine Holzkapelle in Langwinkl errichtet. Den Abschluss des Baus der größeren Wallfahrtskirche hat er leider nicht mehr miterlebt, da er im Jahre 1649 von der Pest dahingerafft wurde.

Morgens an der Rott

An der Rott bei Bayerbach

Wallfahrtskirche „Maria Heimsuchung" in Langwinkl

Die Schönheit dieses Ortes beschreibt auch Robert Bernhard Erbertseder in seinem Gedicht „Langwinkel":

O sommerfroher Liebfrauentag!
Wie haben heut so holden Schlag
von jedem Turm die Glocken,
wie sirrt schon reif im Wind der Roggen!

Es wogt das gelbe Halmenmeer,
fruchtgesegnet, körnerschwer.
Die Erde prangt gebenedeit,
naht sich schimmernd ihrer Zeit.

Wundersamer Sinn!
Kniet Maria mittendrin
jubelnd ihrer Niedrigkeit
und wie Ähren fromm bereit:

Ave Maria!

Bad Griesbach

Die Rottbrücke bei Schwaim

Weiter geht's zum jüngsten Badeort im Rottaler Bäderdreieck: nach Bad Griesbach. Wir machen uns auf den Weg zurück zur Rott, die nun den vierten und letzten Landkreis auf ihrer Reise zum Inn erreicht, den Landkreis Passau. Auch wenn die Rott nicht durch Bad Griesbach fließt, so ist sie dennoch namens- und identitätsstiftend für den Ort, denn auch die Griesbacher sind lupenreine Rottaler.

Zu Füßen Bad Griesbachs liegt an der Rott der kleine Ort Schwaim, wo wir den Fluss mit Hilfe der eisernen „Alten Rottbrücke" überqueren können.

Von der Brücke aus haben wir zudem einen tollen Blick auf die Kirche des Klosters Asbach, von der wir später noch ein wenig mehr erfahren.

Die Rott bei Schwaim

Blick auf das Kloster Asbach von der Rottbrücke in Schwaim

Wirkt wie ein Relikt aus der alten Zeit

Gegenüber:
Ausblick von Langwinkl in Richtung Kößlarn

Der Hl. Bruder Konrad und der Venushof in Parzham

Ganz in der Nähe liegt der Geburtsort des Rottaler Heiligen Bruder Konrad und dorthin sollten wir unbedingt einen Abstecher machen.

Auf dem Venushof in Parzham, wurde Johannes Birnberger am 22.12.1818 als elftes von zwölf Kindern geboren. Der „Birndorfer Hansl", wie er in seinem Heimatort genannt wurde, fühlte sich von Kindheit an zu Gott hingezogen. Als er mit 31 Jahren den elterlichen Hof übernehmen sollte, schlug er sein Erbe aus und trat in den Kapuzinerorden in Altötting ein. Bis zu seinem Tod am 21. April 1894 versah er den Dienst an der Klosterpforte des St. Anna Klosters in Altötting und hatte für jeden Bittsteller und Notleidenden ein freundliches Wort.

Der Venushof in Parzham

Geburtshaus des Hl. Bruder Konrad

Ein Ereignis ist dabei besonders in Erinnerung geblieben: eines Nachmittags kommt ein Bettler an die Pforte und bittet um Essen. Die besseren Speisen waren schon verteilt, so gibt ihm Bruder Konrad eine Schüssel Suppe. Der Bettler kostet, wirft dem Bruder die Schüssel samt Inhalt vor die Füße und schreit: „Die kannst du selber fressen!". Mit unerschütterlicher Sanftmut hebt Bruder Konrad die Scherben wieder auf und sagt: „Gell, du magst sie nicht, ich hol dir eine andere." Viele Jahre später berichtet der Kapuzinerpater Engelbert Drunkenpolz von einer Beichte, die er in einer Strafanstalt hören musste: „Vor über vierzig Jahr hab ich einmal dem Bruder Konrad die Suppenschüssel hingeworfen mit den Worten „Heuchler! Scheinheiliger Tropf! Friss die Suppe selber!". Dann hat er sich gebückt und die Scherben aufgeklaubt, aber geschimpft hat er nicht. Und das druckt mi halt heut' noch!"

Bruder Konrad lebte in großer Demut, er liebte die Kinder, die zahlreich zu seiner Pforte kamen und suchte dabei immer Trost und Rat im Gebet zur heiligen Muttergottes. „Mein Kreuz ist mein Buch", dieser Spruch war sein Leitwort, er verbrachte viel Zeit in Gebet und Meditation. Schon als Kind hatte er einen kleinen Hausaltar in seiner Kammer, die man heute noch im Originalzustand auf dem Venushof besichtigen kann. Im Nebengebäude ist ein Andachtsraum entstanden, in dem wöchentlich Wallfahrtsgottesdienste abgehalten werden.

Der Hl. Bruder Konrad und die Kinder

Abendstimmung auf dem Friedhof in Weng

Sankt Wolfgang und eine mystische Wanderung durch die Lugenz

Wenn wir unsere Reise von Parzham in Richtung Sankt Wolfgang in die sogenannte „Neue Welt" fortsetzen, dann kommen wir zur Taufkirche des Hl. Bruder Konrad, die aus dem frühen 15. Jh. stammt.

Der Legende nach beschloss der Hl. Wolfgang, der auf einem Höhenweg entlang der Wasserscheide ritt und sich auf einem der großen Felsbrocken ausruhte, in diesem schönen Tal eine Kirche zu errichten. Er warf sein Beil, um die Stelle zu markieren und an dieser Stelle entsprang sogleich die heiltätige Wolfgangsquelle, die die Wallfahrt „nach Sankt Wolfgang hinauf" begründete. Seitdem die heilkräftige Quelle versiegt ist, kommen außer den „Hiesigen" nur noch wenige Menschen.

Taufkirche des Hl. Bruder Konrad

Nach St. Wolfgang hinauf

„*Nach St. Wolfgang hinauf,*
in die bucklige Welt,
in die grüngrüne, Neue geheißen!
Da funkelt das Gras und die Saat auf dem Feld,
und ob's auch an Höfen, großmächtigen, fehlt,
von Kirschbäumen blitzt es, blühweißen!

Und der Löwenzahn liegt an den Hängen verstreut;
sind's Goldstücke für die Taglöhner
und die hier siedeln in Reut und Gestäud
mit Geißen und Hühnern, die Kleinhäuslleut,
und ist es nun nirgendwo schöner

als hier, wo lugenzhin sich tannenumzirkt
Erinnerung noch an Druiden
und raunende Vorzeit im Modergrund birgt,
wo das Wunder der Quelle St. Wolfgang gewirkt,
und wo auch noch heiligend Frieden
war einem der Unser'n beschieden!"

Robert Bernhard Erbertseder

Da wünsche ich mir sehr, dass diese Quelle eines Tages wieder zu sprudeln beginnen möge!

Herbststimmung in Weng

Hier geht's los!

Gegenüber:
Beim „Hohlen Stein" kann man unten durch gehen oder hinauf steigen

Um dem Zauber der Lugenz noch ein wenig nachzuspüren, folgen wir der Straße weiter in Richtung Buchet bis nach Churfürst und parken das Auto am Waldrand rechts. Dort möchte ich Sie auf einen geheimnisvollen Wanderpfad in die Lugenz mitnehmen, auf den „Lugensfelsenweg"(S1).

Wir betreten jetzt einen ganz besonderen Wald, die Lugenz, was frei übersetzt in etwa „Lauerplatz" oder „Höhle" bedeutet. Dieses Waldstück ist übersät mit Quarzkonglomeratblöcken, ähnlich derer in der „Kaser Steinstube", die scheinbar ohne Plan von mächtigen Urgewalten hier ausgestreut wurden. In der Keltenzeit wurde in der Lugenz Eisenerz abgebaut, was man an manchen Stellen noch an den charakteristischen Trichtergruben sehen kann.

Zunächst folgen wir einer kleinen Abzweigung nach rechts dem Schild zum „Drachen", einem mächtigen Block, der mit ein wenig Vorstellungsvermögen einem schlafenden Drachen ähnelt.

Gleich danach treffen wir auf einen großen, hohlen Stein, der „Zwergenburg" genannt wird. Vielleicht ist das „kleine Volk" immer noch aktiv im Erzabbau und hat sich hier eine passende Behausung geschaffen?

Wir wandern weiter durch die erholsame Stille dieses märchenhaften Waldes und lassen unserer Fantasie freien Lauf. Die klare, gesunde Waldluft strömt in unsere Lungen und wir sind erfüllt von der Ruhe dieses Ortes.

Am Ende des Wanderweges S1 entdecken wir die wohl beeindruckendste Felsformation in der Lugenz, den „Hohlen Stein". Ein wuchtiger Felsblock liegt auf mehreren Blöcken auf und bildet so einen Hohlraum, durch den wir aufrecht hindurchgehen können! In früheren Zeiten könnte er als Schutzhöhle oder als Kultplatz gedient haben. Wir können die mächtige Felsformation auch besteigen und haben einen tollen Ausblick auf den umliegenden Wald!

Der schlafende Drache in der Lugenz

Ob hier wirklich Zwerge wohnen?

Ein Kraftplatz für Frauen

Viele bunte Bänder hängen in den Bäumen

Auf dem Rückweg machen wir noch einen kleinen Abstecher zum sogenannten „Kultsteinbrunnen". Wir folgen dem Schild nach rechts über eine kleine Holzbrücke und entdecken einen großen Quellstein mit eingeritzten kultischen Symbolen.

Der Stein wurde über eine Quelle gelegt und scheint ein alter, aber immer noch häufig von Frauen aufgesuchter Kultplatz für Fruchtbarkeitsrituale zu sein. Eines der in den Stein geritzten Symbole, ein nach oben offenes Ei, aus dem eine Schlange schlüpft, dürfte das keltische Zeichen für Wiedergeburt sein.

Viele bunte Bänder hängen in den Bäumen, Symbole der Wünsche und Ausdruck der Hoffnung, die die Hilfesuchenden hier hinterlassen haben.

Wir verweilen ein wenig an diesem wundervollen Ort der Ruhe und lauschen den Vögeln bei ihren Gesängen. Dann kehren wir auf der kurzen restlichen Wegstrecke wieder zu unserem Ausgangspunkt zurück.

Wenn wir jetzt hinunter nach Bad Griesbach und an die Rott fahren, haben wir einen tollen Blick auf die wunderschöne Rottaler Hügellandschaft und entdecken die außergewöhnlich reizvolle landschaftliche Lage der Stadt auf einem breiten Höhenrücken.

Im Hintergrund können wir die Silhouette des Steinkart erkennen, einem ausgedehnten Waldgebiet um Bad Griesbach, das sich durch vielfältige Wanderungen zu entdecken lohnt. Diesen tollen Wald werde ich Ihnen später noch bei einer Wanderung zur „Haberkirch" zeigen.

Hier schlüpft was aus dem Ei!

Gegenüber:
Der „Kultsteinbrunnen" in der Lugenz

Panorama von Bad Griesbach mit Steinkart im Hintergrund

Bad Griesbach – Wellness- und Golfresort

Bad Griesbach kann auf eine fast 1000-jährige Geschichte zurückblicken. Urkundlich wurde die „Burg Grizbach" erstmals im Jahre 1076 erwähnt. Sie hatte wohl eine stattliche Größe und lag strategisch sehr günstig auf einem Bergrücken entlang eines Teilstücks der alten Salzstraße von Malching nach Sandbach/ Vilshofen.
Im 14. Jh. wurde der Ort erstmals als Markt erwähnt und war Sitz eines herzöglichen Pfleggerichtes, das im Jahr 1802 zum Landgericht erhoben wurde. Im Jahr 1504 brachte der niederbayerische Erbfolgekrieg großes Leid und Zerstörung über Griesbach. Der Ort musste vollständig wiederaufgebaut werden und es entstand in der Folge ein typisch wittelsbachischer Marktplatz mit einem breiten Längsplatz umstanden von Bürgerhäusern.

Auch in den darauffolgenden Jahrhunderten gab es durch mehrere kriegerische Auseinandersetzungen immer wieder Leid und Zerstörung (Bad Griesbach war sogar kurzzeitig österreichisch). In der Zeit nach dem Zweiten Weltkrieg setzte großer Zuzug von Vertriebenen ein. Im Jahr 1953 wurde Bad Griesbach zur Stadt erhoben. Einen bedeutenden Einfluss auf das heutige Bad Griesbach hatte 1972 die Gebietsreform, bei der viele Bewohner ihre Lebensgrundlage verloren, da der Altlandkreis aufgelöst und große Teile der Verwaltung nach Passau verlagert wurden.

Eine neue Erwerbs-„Quelle" musste her und im gleichen Jahr führte man eine Versuchsbohrung im Ortsteil Schwaim durch. Wie im benachbarten Bad Birnbach sprudelte auch hier das heilkräftige Thermalwasser aus der Tiefe.
Im Jahre 1977 wurde das kommunale Kurmittelhaus eröffnet und seither kommen immer mehr Gäste in das „Dreiquellenbad".

Heute ist die Stadt der „Wohlfühltherme" nicht nur ein Kurort mit vielen Wellnesshotels, sondern auch ein Golfmekka, das europaweit einen Spitzenplatz einnimmt. Diese Verbindung von Golf und Wellness macht Bad Griesbach für viele Urlauber aus dem In- und Ausland zu einem interessanten Reiseziel.

Bad Griesbach

Winterstimmung in Bad Griesbach

Hier läßt es sich gut golfen!

Golfplatz bei Bad Griesbach

Der Steinkart und die „Haberkirch" auf dem „WaldWunderWeg"

Wenn Sie noch ein wenig Zeit haben, dann möchte ich mit Ihnen gerne einen magisch schönen Spaziergang durch den Steinkart inklusive toller Aussicht auf Bad Griesbach und zum sagenumwobenen Teufelsfelsen, der „Haberkirch", machen. Wir begeben uns hierfür auf den „WaldWunderWeg", der zu vielfältigen Entdeckungen in diesem schönen Waldstück einlädt.

Wir lassen uns in der „WaldWunderWelt" verzaubern!

Wir starten am Parkplatz „WaldWunderWelt" in Bad Griesbach-Altstadt, den wir erreichen, wenn wir fast bis zum Ortsausgang im Ortsteil Köpfstadt fahren, dann rechts abbiegen und der Beschilderung folgen.
Atmen Sie den würzigen Waldgeruch tief ein, dann geht's linker Hand entlang des Kinderspielplatzes auch schon los. Oben auf der kleinen Anhöhe angelangt, finden wir ein Hinweisschild „Aussicht", dem wir folgen.
Ich denke, ich habe nicht zu viel versprochen: vor uns liegt ein wunderschöner Ausblick auf die Altstadt Bad Griesbachs – lassen Sie uns kurz auf der kleinen Bank innehalten. Sie hören bestimmt auch die vielen Vögel zwitschern und genießen das Panorama zu Ihren Füßen. Das Glück liegt ganz oft nicht in der Ferne, sondern in den kleinen Dingen ganz in der Nähe!

Die mächtige Douglasie

Viele eigens aufgestellte Stelen unterstreichen die Schönheit und Poesie des Waldes, die Texte regen zum Nachdenken an. Wir genießen die Stille des Steinkart mit allen Sinnen, kommen ein wenig zu uns und versuchen sein Geheimnis zu ergründen. Wir folgen weiter den grünen Hinweisschildern und erreichen den schönsten Baum der „WaldWunderWelt", eine mächtige Douglasie.

Jetzt ist es nicht mehr weit bis zum Teufelsfelsen, der sagenumwobenen „Haberkirch"! Die heidnische Kultstätte liegt rechter Hand im Wald. Durch zwei große, übereinanderliegende Felsplatten hat sich eine Höhle gebildet, an deren Innenseite in Bodennähe eine tanzende Habergeiß (Ziegenbock) und andere tanzende kleine Figuren zu erkennen sind.

„...Und was dich bedrückt, wie im Winde zerfliegt's
in luftiger Höh, himmelblauer.
Und in Brunnen und sprudelnden Quellen versiegt's,
was dich befallen an Trauer!
Bist du hier Mensch noch und magst es auch sein,
so über der Rott hin, ins Holzland hinein!"

Robert Bernhard Erbertseder aus "Griesbach im Rottal"

Der Sage nach wählte der Teufel einen der größten Steinblöcke im Wald, um damit Griesbach – dessen fromme Bewohner ihm schon lange ein Dorn im Auge waren – zu zerstören. Als er keuchend unter seiner schweren Last durch den Wald lief, ertönte das Morgengeläut der nahen Kirche von Reutern und der Teufel stellte sogleich ärgerlich den schweren Steinblock gegen einen anderen und verschwand.
Diese Steinformation hat die Form einer Kirche und heißt seitdem im Volksmund „Haberkirch". Durch das mit dem Nachbarblock gebildete Tor soll in früheren Zeiten ein ganzes Fuhrwerk durchgepasst haben – heute müssen wir uns bücken, um durchzugehen.

Die „Haberkirch"

Gegenüber:
Ein wunderschöner Blick auf Bad Griesbach

Lassen Sie uns nach diesem erholsamen Spaziergang zur Rott zurückkehren, denn ganz in der Nähe, ein wenig unterhalb von Bad Griesbach, gibt es in Singham eine Furt, durch die man (meist) trockenen Fußes die Rott überqueren kann.

Hier fließt die Rott wieder ruhig und gemächlich dahin, das Flussbett hat sich wieder ein wenig geweitet und die Rott mäandert durch ihr selbst gegrabenes Tal.

An der Furt bei Singham

Karpfham

Blick auf Karpfham von der Rott aus

Ein wenig weiter flussabwärts treffen wir auf Karpfham, das die meisten Menschen vor allem wegen des „Karpfhamer Festes" und der dazugehörigen landwirtschaftlichen Ausstellung kennen. Wenige wissen jedoch, dass das Fest mutmaßlich seinen Ursprung Ende des 12. Jh. hat, als Herzog Heinrich der Löwe zweimal einen Landtag („Thing") abgehalten hat und zwar genau auf der Wiese vor dem Dorf, auf der das Karpfhamer Fest auch heute noch stattfindet. Seine größte Attraktion ist der weithin berühmte „Rottaler Zehnerzug", der jedes Jahr mit Geschick und beeindruckender Fahrkunst ausschließlich beim Karpfhamer Fest gefahren wird. Inzwischen ist es gemessen an Größe und Besucherzahl nach dem Münchner Oktoberfest und dem Straubinger Gäubodenfest die Nummer drei der bayerischen Volksfeste. Erstmalig wurde Karpfham 903 urkundlich erwähnt, seit der Gebietsreform 1972 gehört der Ort zur Gemeinde Griesbach. In Karpfham gibt es eine sehenswerte Kirche, die in der Mitte des 15. Jh. erbaut und „Maria Himmelfahrt" geweiht wurde.

Der weithin berühmte „Rottaler Zehnerzug" des Karpfhamer Festes

Kloster Asbach

Kloster Asbach

Wenden wir uns zurück über die Rott auf die andere Seite des Flusses, dann fällt unser Blick auf einen ganz besonderen Kirchenbau im Rottal: der ehemaligen Benediktinerabtei Kloster Asbach. Die Geschichte des Klosters reicht zurück bis zur Stiftung durch Christina von Asbach um 1090 und ist sehr wechselvoll geprägt. Zweimal wurde Asbach in den Fehden des Mittelalters zerstört, dann übernahmen 1336 die Wittelsbacher und eine Blütezeit brach an. Nachdem das Kloster im Dreissigjährigen Krieg zerstört wurde, ließ Abt Innozenz Moser das Kloster durch Domenico Zucalli wiederaufbauen.

Die Klosterkirche „St. Matthäus", wie wir sie heute sehen können, entstand in der 2. Hälfte des 18. Jh. nach den Plänen des Sohnes des berühmten Münchner Hofbaumeisters François de Cuviliés d. J. und ist ein Kleinod bayerischen Kunstschaffens der Barock- und Rokokozeit. Markant ist der durch ein gedrücktes, einfaches Zeltdach gedeckte Turm der Kirche, die durch edle und ausgewogene Architektur begeistert.

Die Klosterkirche „St. Matthäus"

Auf dem Weg zum grünen Inn

In Pocking und auf der Heide

Gegenüber:
Die Rott in der Nähe von Pocking

Auf dem letzten Abschnitt, den die Rott bis zu ihrer Mündung in den Inn durchfließt, weitet sich das Land und es fällt auf, dass die Besiedelung rechts und links des Flusses weniger intensiv ist.

Die Rott fließt weitgehend unreguliert dahin, wobei wir immer wieder auf auch heute noch betriebene Mühlen oder Sägewerke treffen. Die Rott erreicht die Pockinger Heide, ein weites, flaches Gelände, das hinüber bis zum Inn reicht.
Kleine Weiler finden wir, wie Kühnham oder Poigham, bis wir ein wenig abseits des Flusses die fünfte und letzte Kleinstadt des Rottals erreichen: Pocking.

Dieses Gebiet war deutlich früher von Menschen besiedelt, als das obere und mittlere Rottal. Viele Funde weisen auf eine Besiedelung bereits in der Jungsteinzeit hin, auch in der Bronze- und Hallstattzeit ließen sich die Menschen auf der Pockinger Heide nieder.

Die Rott bei Gerau

Auf der Pockinger Heide

Die Kelten errichteten mehrere ihrer geheimnisvollen Viereckschanzen. Eine der größten in Bayern wurde 1996 in Pocking-Hartkirchen ausgegraben.

Man vermutet außerdem, dass das Gebiet um Pocking die größte römische Siedlung nach Passau beheimatete. In der Zeit von ca. 50 bis 400 n. Chr. war hier eine große römische Handwerkersiedlung, was zahlreiche archäologische Funde aus der jüngsten Vergangenheit belegen.

Die Rott bei Pocking

Nachdem die Römer abgezogen waren, wechselten in Mittelalter und Früher Neuzeit oft die Besitzer des Ortes, im Jahre 820 tauchte erstmals der Name „Pocking" („ad pochingas") in den Büchern des Klosters Mondsee auf. Bajuwaren hatten sich im 6. Jh. niedergelassen, was die vielen auf die Silbe „-ing" endenden Ortsnamen im Umkreis Pockings nahelegen.

Im Jahre 909 fielen die Ungarn ein und legten mit ihren von den Einheimischen erbeuteten, schnellen Pferden den Grundstein für die Rottaler Pferdezucht.
Im Jahre 1716 wütete ein großes Feuer in Pocking und zerstörte große Teile des Dorfes.

Erst 1811 erlangte Pocking die Eigenständigkeit und mit dem Anschluss an die Königlich Bayerische Eisenbahnlinie im Jahre 1879 blühte der Handel auf, allen voran der Vieh- und Pferdehandel. Die Plastiken des Bildhauers Dominik Dengl legen hiervon für die Nachwelt Zeugnis ab.

Die „Wälzende Stute" von Dominik Dengl

Das Stadtrecht erlangte Pocking erst mit der Gebietsreform im Jahre 1971, seitdem hat sich Pocking zu einem Handelszentrum im unteren Rottal entwickelt.

Leider trübt auch in Pocking so mancher Leerstand das Bild einer florierenden Stadt. Wirklich schade, dass die Innenstädte zunehmend veröden und dafür zwar praktische, aber ungleich hässliche Einkaufszentren an den Stadträndern entstehen!

Gegenüber:
Die Rott ist bisweilen ein magisch anmutender Fluss

„St. Ulrich" in Pocking

1951 wurde in Pocking bei der Verlegung einer Wasserleitung eine Römersiedlung entdeckt und in mehreren Grabungen kamen viele Fundstücke aus den letzten 3000 Jahren Menschheitsgeschichte zu Tage. In der Stadtbücherei ist seit 2007 die „Drehscheibe Pocking" zu finden, eine interessante archäologische Dauerausstellung mit vielen dieser Artefakte aus der Frühgeschichte („Kelten-Römer-Bajuwaren"). Wirklich sehr sehenswert!

Die „Siebenschläferkirche" in Rotthof

Wir verlassen Pocking, setzen unseren Herzensweg an der Rott fort und überqueren den Fluss wieder in Richtung Ruhstorf an der Rott. Ganz in der Nähe befindet sich ein kunsthistorisches Kleinod, das wir uns unbedingt ansehen sollten. Es handelt sich um ein spätgotisches Kirchlein, das auf einer Anhöhe in Rotthof steht, die „Siebenschläferkirche".

Sie wurde im Jahr 1494 auf den Fundamenten einer älteren Kirche erbaut und ist den Hll. Peter und Paul geweiht. Die Wallfahrt zu den Hll. Siebenschläfern überlagerte in der Barockzeit jedoch das eigentliche Patrozinium.

Der Legende nach ließen sich im 3. Jh. nach Chr. in Ephesos sieben vornehme junge Männer taufen und versteckten sich in einer Höhle, um der Christenverfolgung zu entgehen. Kaiser Decius allerdings erfuhr davon und ließ die Jünglinge einmauern. Als die Steine 187 Jahre später entfernt wurden, entdeckte im inzwischen christlich gewordenen Ephesos zunächst niemand die Schläfer. Irrlehrer leugneten die Auferstehung von den Toten, weshalb Gott ein Zeichen zu den Menschen schicken wollte. Er hauchte den sieben wieder das Leben ein und diese glaubten, nur eine Nacht geschlafen zu haben. Als Malchus zum Bäcker ausgeschickt wurde, um Brot zu kaufen, bezahlte dieser mit einer alten Münze. Er wurde verhört und der nun regierende Kaiser Theodosius II. zog zur Grotte und überzeugte sich mit seiner Gefolgschaft vom Wunder der Auferstehung.

Die „Siebenschläferkirche"

Leider kämpft auch Pockings Innenstadt mit Leerständen

Die Ausstellung „Drehscheibe" in der Stadtbücherei ist sehr sehenswert!

Auf dem Weg zum grünen Inn

Der Modler-Altar

Die in der Kirchenmauer gefundenen römischen Grabplattenfragmente mit sieben Porträtbüsten sind eng mit dem in der Barockzeit blühenden Kult verknüpft.

Die Siebenschläfer-Legende wurde schließlich als Leitgedanke bei der Erschaffung des aus Stuck, Muscheln und Tuffstein gefertigten Hochaltars von Johann Baptist Modler im Jahre 1757 verwendet. Der aus Kösslarn stammende Künstler erschuf ein Kunstwerk, das die Legende der Siebenschläfer zu Stein werden lässt und sie für die Nachwelt erzählt. Formvollendetes Rokoko fügt sich sehr harmonisch in die spätgotische Kirche ein.

Wenn Sie zufällig am Siebenschläfertag, am 27. Juni, in Rotthof unterwegs sein sollten, dann hoffe ich (für Sie und uns alle in der Umgebung), dass an diesem Tag schönes, sonniges Wetter ist. Denn dieser Tag ist nach den „Bauernregeln" ein „Wetterorakeltag": „Ist der Siebenschläfer nass, regnet's ohne Unterlass." Und zwar für die darauffolgenden sieben Wochen!

Wenn das Wetter Ihnen also gewogen ist, haben Sie hier heroben in Rotthof einen fantastischen Alpenblick. Auf einer Panoramatafel können Sie nachsehen, welche Berge in der Ferne zu erkennen sind.

Genießen Sie die herrliche Aussicht über das untere Rottal und machen Sie sich bereit für den letzten Abschnitt unserer Reise!

Die „Siebenschläferkirche" in Rotthof

Die „Siebenschläfer"

Nächste Seite:
Von hier aus können wir bei guter Fernsicht bis in die Alpen sehen!

„….Weithin geht die Sicht,
Waldgebirg' erscheint im Norden,
Süden ist Kristall geworden,
ferne Alpen stehn im Licht…."

Robert Bernhard Erbertseder aus „Föhntag im Herbst"

Ruhstorf an der Rott

Auf diesem letzten Wegstück der Rott zum Inn treffen wir auf einen kleinen Marktflecken, der sich im 20. Jahrhundert von einer bäuerlich geprägten Siedlung zu einem größeren Industriestandort gemausert hat: Ruhstorf an der Rott.

Zahlreiche Gewerbebetriebe, wie die Firmen Hatz und Loher, sind aus kleinen Reparaturwerkstätten für landwirtschaftliche Maschinen zum Ende 19./ Beginn 20. Jh. durch großes handwerkliches Können und unternehmerisches Geschick zu Industriebetrieben herangewachsen. Diese profitierten von der Vollendung der Rottalbahn und der damit einhergehenden Anbindung Ruhstorfs ans Schienennetz im Jahre 1888.
Neue Siedlungen entstanden, als nach dem Zweiten Weltkrieg die Vertriebenen aus dem Sudetenland und Schlesien in Ruhstorf einen Ort der Zuflucht fanden.

1077 wurde Ruhstorf erstmalig als im Besitz der Benediktinerabtei Vornbach urkundlich erwähnt, 1611 wurde Ruhstorf zu einer eigenständigen Pfarrei erhoben. Im Zuge der Verwaltungsreformen in Bayern entstand mit dem Gemeindeedikt von 1818 die heutige Gemeinde. Erst spät, im Jahre 2008, erhielt der Ort das Marktrecht verliehen.

Auch in Ruhstorf macht der Strukturwandel nicht halt: die Loher GmbH, von 2005 an eine eigenständige Tochter von Siemens, wurde 2012 vollends in den Konzern integriert. Im Frühjahr 2016 kündigte Siemens an, einen Großteil der Produktion aus Ruhstorf zu verlagern, über die Hälfte der Arbeitsplätze gingen seitdem verloren. Es bleibt zu hoffen, dass es möglich ist, viele der Fachkräfte in der Region zu halten und deren Beschäftigung langfristig zu sichern.

Am Ruhstorfer Rathaus finden wir die Bronzefigur „La Colombina - genannt Harlekine" des früheren Mitinhabers der Motorenwerke Manfred Loher. Diese wirbt für den Ruhstorfer Kultursommer: alljährlich finden zahlreiche kulturelle Veranstaltungen in Ruhstorf an der Rott statt.

Ruhstorf an der Rott

„La Colombina"

Der Ort befindet sich im Strukturwandel

Die Rott hat in Ruhstorf beträchtliche Ausmaße erreicht.

Die „vergessene" Kapelle „St. Koloman"

Die letzte Gemeinde bevor die Rott den Inn erreicht ist Mittich. Es ist bestimmt einer der Orte im Rottal, der über die Jahrhunderte am meisten von Hochwasserschäden geprüft wurde. Und dabei war beileibe nicht nur die Rott schuld, sondern vor allem auch der nahe Inn, der Mittich viele Male unter Wasser setzte. So waren von Mittich beim Jahrhunderthochwasser 1954 nur mehr die Hausdächer sichtbar, alles andere war unter einer großen Wasserdecke verborgen und vieles zerstört.

Ich würde Ihnen jetzt gerne erzählen, dass eine kleine Kapelle ganz in der Nähe von Mittich zum Verweilen einlädt, nur leider wurde das Rokokokirchlein „St. Koloman" bei der Planung der direkt daran vorbeiführenden Bundesstraße offenbar komplett ignoriert. Dabei ist sie eine der wenigen Rokokokapellen im ganzen Rottal! „St. Koloman" ist zwar nach wie vor ein erbauender Anblick, doch der Kontrast ihrer baumeisterlichen Eleganz zu der hastig vorbeilaufenden B512 könnte nicht deutlicher sein. Allerdings sollte ihr innen und außen bald zu neuem Glanz verholfen werden, sonst verfällt dieses Kleinod leider weiter!

Die Rott verläuft hier in weiten Schlingen und zahlreiche kleine Seen und Altwasser haben sich gebildet, die einen großen Erholungswert mitbringen. Eine satte Auenlandschaft breitet sich aus, mit vielen Wiesen, Feldern und Auwäldern.

Die Sulzbachmündung

Wenn wir in Mittich auf der Straße in Richtung Sulzbach gleich rechts in einen parallel zur Bundesstraße 512 verlaufenden Nebenweg einbiegen, dann erreichen wir am Ende der Straße die Mündung des Sulzbaches in die Rott. Man übersieht die Mündung von der Bundesstraße aus komplett, aber hier unterhalb der Verkehrsader ist es trotz des Straßenlärms durchaus idyllisch.

„St. Koloman"

Ein idyllischer Rott-Altwassersee bei Mittich

„St. Koloman" bei Mittich

Gegenüber:
Die Sulzbachmündung bei Mittich

Die Holzbrücke bei Mittich

Wir kehren wieder nach Mittich zurück, verlassen den Ort in Richtung Neuhaus am Inn und treffen auf die Schönste aller Brücken über die Rott, ganz nach dem Motto „save the best for last".

Die Rottbrücke von Mittich ist etwas ganz Besonderes, handelt es sich hierbei um eine Holzbrücke, die mit einem ebenfalls hölzernen Giebeldach eingedeckt ist.

Sie wurde 1853 errichtet und beeindruckt durch ihre seitliche Gitterverstrebung, von der aus man einen wunderschönen Blick ins Umland hat.

Die Holzbohlen der Brücke sind nicht fest verankert, was man am Gerumpel der Fahrzeuge, die über die Brücke fahren, ganz leicht feststellen kann.

Die Straße, die über die Holzbrücke führt, war für lange Zeit die Hauptverbindung nach Neuhaus am Inn und Schärding, jetzt ist sie (zum Glück) nur noch für den örtlichen Verkehr interessant.

Die Holzbrücke bei Mittich

Die Kirche „Maria Himmelfahrt" in Mittich

Gegenüber:
Am Ruhstorfer See in der Nähe von Frimhöring

Kurz vor der Brücke finden wir rechter Hand bei der Mündung des Ausbaches eine sumpfartige Auenlandschaft vor, wo sich viele Wasservögel und anderes Getier beobachten läßt. Eine wahrhafte Idylle und ein herrlicher Rückzugsort!

Die Holzbrücke in Mittich ist die letzte Rottbrücke und gleichzeitig die beeindruckendste und romantischste, die ich entlang meiner Reise an der Rott gesehen habe. Der Fluss hat hier eine beachtliche Breite erreicht, es ist nun nicht mehr weit bis zur Mündung in den Inn.

Sumpflandschaft bei Mittich

Die Rott bei Mittich von meiner Lieblingsbrücke aus

Gegenüber:
Der Fluss weitet sich: Endspurt auf der Reise zum Inn!

Weihmörting

Auf der anderen Seite meiner Lieblingsbrücke erreichen wir den letzten Weiler am Flusslauf der Rott: Weihmörting. Er umfasst nur wenige Häuser und wir können hier durchaus eine Parallele ziehen zum Ursprung der Rott in Müllerthann: beides kleinbäuerliche Orte. Sie spannen gleichsam einen Bogen über den Lauf der Rott von ihrem Ursprung bis zu ihrer Vollendung im Inn.

Die Rottmündung bei Neuhaus am Inn - Schärding

Nun ist es soweit: die sanfte, braune Rott vereinigt sich mit dem wilden, grünen Inn. Doch auch wenn sich der Inn die Rott gleichsam einverleibt, ja einfach mit seinem jugendlichem Ungestüm überrennt, so ist der Inn danach ein anderer. Breiter und mächtiger als zuvor strebt er seiner Bestimmung zu: der blauen Donau in Passau.

Die Mündung der Rott in den Inn erreichen wir, wenn wir von Weihmörting aus der Straße nach Neuhaus am Inn weiter folgen und dann rechts in Richtung Innbrücke und Schärding abbiegen. Hier ist vor der Brücke auf der rechten Seite ein Parkplatz, von dem aus wir zu Fuß bis zu der Stelle gelangen können, an der die Rott sich mit dem Inn vereint.

Noch ein wenig bildhafter ausgedrückt: der starke, schnell fließende, grüne Inn umarmt die braune, beschaulich dahinfließende Rott und nimmt sie mit auf ihre gemeinsame Reise. Die Farb- und Wassergrenze, an der die beiden miteinander verschmelzen, ist leicht auszumachen.

Wir folgen dem ausgetretenen Pfad und erreichen eine fast urwaldlich anmutende Auenlandschaft, in der wir die Seele baumeln lassen und dem vorbeiziehenden Wasser gleich auch allen Ballast mitsenden können.
Das „Rottdelta" ist durchaus beeindruckend, die Kulisse von Neuhaus mit seinem Kloster Maria Ward und der alten Festungsstadt Schärding davor ebenfalls.

Das letzte Dorf vor der Mündung

Es ist vollbracht: die Rott erreicht Neuhaus am Inn

„Rotturwald" kurz vor der Mündung

Schärding am Inn

Folgende Seiten:

Impressionen von der Mündung der Rott in den Inn

Die Mündung der Rott in den Inn von der Innbrücke zwischen Neuhaus und Schärding

's Rottal

Mei Hoamat, dös ist hoid 's Land an da Rott,
es is mei Freud und mei Stoiz,
wachst anderswo vielleicht a leichters Brot –
i bin da dahoam und mir gfoids!

Unsa Rottal is uraltes Bauernland,
schon seit undenklicher Zeit
und seine Menschn san weithin bekannt,
wegn Fleiß und geselliger Freud.

Doch wandelt sich hoid a dös Lebm an da Rott
nei in die neue Welt
und wos ma ois Kind no selm dalebt hot,
von dem werd heut bloß no erzählt.

s' Rottaler Boggal schnauft nimma durchs Toi
und d' Roßwoad is a scho längst laar.
D' Ehaltnkamma steht mit Grafözeug voi,
's wern dö Gwichstn und Kornmandl rar.

Doch d' Liab zu da Hoamat soi deswegn ned sterbn,
weil manches anders worn is.
I wünsch mir, du sollst di no recht oft vererbm,
mei Rottaler Erdparadies.

Ponzauner Wigg

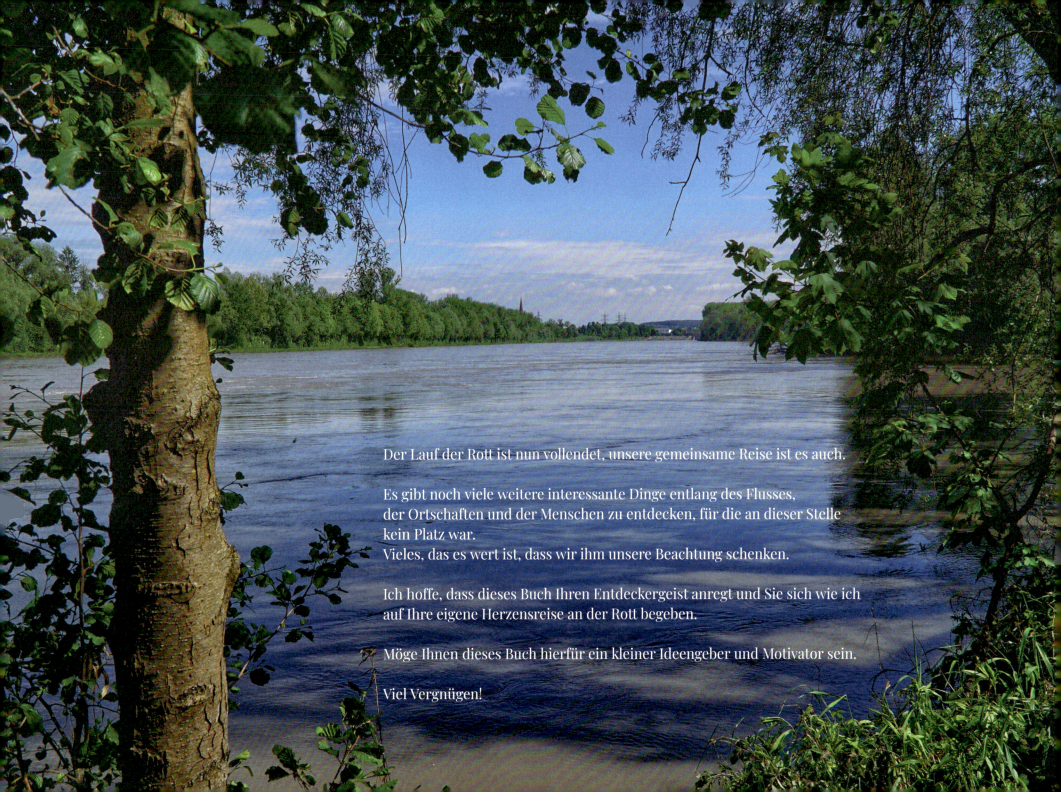

Der Lauf der Rott ist nun vollendet, unsere gemeinsame Reise ist es auch.

Es gibt noch viele weitere interessante Dinge entlang des Flusses,
der Ortschaften und der Menschen zu entdecken, für die an dieser Stelle
kein Platz war.
Vieles, das es wert ist, dass wir ihm unsere Beachtung schenken.

Ich hoffe, dass dieses Buch Ihren Entdeckergeist anregt und Sie sich wie ich
auf Ihre eigene Herzensreise an der Rott begeben.

Möge Ihnen dieses Buch hierfür ein kleiner Ideengeber und Motivator sein.

Viel Vergnügen!

*Gleich mit jedem Regengusse
ändert sich dein holdes Tal,
ach, und in demselben Flusse,
schwimmst du nicht zum zweiten Mal.*

Johann Wolfgang von Goethe

*Zwischen Donau und Inn, wo sie sich schon sehr genähert haben, treibt sich im Zwischengelände
ein kokettes, launisches, äußerst charmantes und liebenswertes Flüßchen herum,
die Rott, die unweit Schärding sich in die Arme des Inn schmeichelt.
Dort liegt die Heimat, von der ich rede.*

Wilhelm Diess

Zitierte Literatur

Dieß, Wilhelm: Zwischen Donau und Inn, Ernst Heimeran Verlag, München 1940.
Vierlinger, Rudolf: Die Rott entlang, Verlag Rudolf Vierlinger, Simbach/ Inn 1983.
Vogel, Dieter (Hg.): Rottal-Inn Kunst- und Kultur, Verlag Kiebitz Buch, Vilsbiburg 2017, 2. Aufl.
Hochholzer, Adolf: Pfarrkirchen – eine niederbayerische Kreisstadt, Stadt Pfarrkirchen 2002.
Wiedemann, Irma: Pfarrkirchen, Sutton Verlag, Erfurt 2011.
Erbertseder, Robert Bernhard: Niederbayrische Einkehr, Edition Hans Fenzl, Tann 1983.
Haushofer, Josef: Eggenfelden Zeitsprünge, Sutton 2005.
Lenk, Maria: Spurensuche im Rottal, Eigenverlag, Pfarrkirchen 2005.
Stelzenberger, Franz: Ross und Rottal, Neue Presse Verlags GmbH, Passau, ohne Jahresangabe.
Eder, Erich: Pfarrkirchen einst und jetzt, Verlag Rudolf Vierlinger, Simbach/ Inn, ohne Jahresangabe.
Kirk, Bernhard u. Altschäfl, Claus: Vils-Rottal-Inn, Neue Presse Verlags-GmbH, Passau 1991.
Just, Renate: Krumme Touren 3 – Reisen in die Nähe in Niederbayern, Verlag Antje Kunstmann, München 2007.
Waltinger, Michael: Niederbayerische Sagen, SüdOst Verlag, Regenstauf 2017, 5. Aufl.
Stifter, Adalbert: Witiko, dtv Verlagsgesellschaft, München 2011.
Huber, Gerald: Kleine Geschichte Niederbayerns, Verlag Friedrich Pustet, Regensburg 2015, 3. Aufl.
Historischer Atlas von Bayern, Teil Altbayern, Heft 36, Mühldorf a. Inn, bearbeitet von Helmuth Stahleder.
Vogel, Dieter (Hg.): Das Rottal Heimatbuch, Kiebitz Verlag, Vilsbiburg 2001.
Greule, Albrecht: Deutsches Gewässernamenbuch, de Gruyter Mouton, Berlin 2017.
Dehio, Georg: Handbuch der deutschen Kunstdenkmäler, Bayern II, Niederbayern, München 2. Aufl. 2008.

Bildverzeichnis

Alle Fotografien bis auf die Folgenden wurden von mir selbst aufgenommen:
- Seite 57 links oben und Seite 58: Josef Baumgartner
- Seite 86 und Seite 128: Sebastian Seibold
- Seite 101 rechts oben: Marianne Vouilleme

Folgende Abbildungen der Kupferstiche von Michael Wening wurden verwendet:
- Wening-Stich Schloss Hellsberg L120 – Bayerische Vermessungsverwaltung
- Wening-Stich Schloss Gern L49 – Bayerische Vermessungsverwaltung
- Wening-Stich Schloss Reichenberg L138 – Bayerische Vermessungsverwaltung
- Wening-Stich Schloss Neudeck L143 – Bayerische Vermessungsverwaltung

Grafik auf S. 76: „Celtic" von Don Cloud, Pixabay

Die Klärung der Rechte wurde nach bestem Wissen vorgenommen.
Soweit dennoch Rechtsansprüche bestehen, bitte ich die Rechteinhaber, sich direkt an mich zu wenden.

Alle Aquarelle im Buch und die Karte der Rott auf dem Vorsatz des Buches wurden von meinem lieben Freund **Roland Schmiddem** gemalt.
Sie machen dieses Buch zu etwas ganz Besonderem!
Danke herzlich!
Kontakt zu Roland Schmiddem: r_schmiddem@gmx.de

Über mich

Jahrgang 1977, drei ältere Brüder, Abitur in Dingolfing, Buchverschlingerin und leidenschaftliche Tennisspielerin, Dipl. Kulturwirtin, Personalerin, verheiratet, bekennender USA-Fan, zwei Kinder, Buchhändlerin, Rosenliebhaberin, begeisterte Hobbyfotografin und jetzt auch noch Autorin und Verlegerin.

Haushofer, Josef u. Kapfinger, Heinz: Rottal, Land der Bauern, Rösser, Heilbäder, Neue Presse Verlags-GmbH, Passau 1981.

Spahnfehlner, Josef, Verhandlungen des Historischen Vereins für Niederbayern, Band 17, Landshut 1872, 2. und 3. Heft, S. 196.

Passauer Bistumsblatt, Jahrgang 2, Nummer 39, 26. September 193: http://www.bistumsblatt.bistum-passau.de/passauer-bistumsblatt/1937/9/26.txt (19.11.2018).

Kambli, C., Prähistorische Gräber im Rotthale, in: Verhandlungen des Historischen Vereins für Niederbayern, Band 28, Landshut 1892, S. 307-316.

Felber, Ulli, Waldbaden, Das kleine Übungshandbuch für den Wald, Schirner Verlag, Darmstadt 2018.

Homepage Pfarrverband Bad Birnbach, http://www.pfarrverband-badbirnbach.de/pfarreien/bayerbach/renovierung/ (15.01.2019).

Infos/ Foto S. 88 von den Informationstafeln der Bruder-Konrad-Ausstellung in Altötting im St. Anna Kloster, 24.07.2018.

Sage Lichtlberger Wald, https://www.pnp.de/lokales/landkreis_rottal_inn/eggenfelden/2979697_Die-Irrlichter-flackern-wieder-auf.html (20.02.2019).

Ponzauner, Wigg (Gruber, Ludwig): Bei uns dahoam, Verlag Rudolf Vierlinger, Simbach/ Inn 1995, 5. Auflage.

Goethe, Johann Wolfgang: Gedichte. Ausgabe letzter Hand 1827 Erstdruck: Goethes Werke. Vollständige Ausgabe letzter Hand, Bd. 1-4: Gedichte, Stuttgart und Tübingen (Cotta) 1827.